기록하는
인간

기록하는
인간

초판 1쇄 2017년 04월 26일

지은이	정대용
발행인	김재홍
기획	1인1책(www.1person1book.com)
편집장	김옥경
디자인	이유정, 이슬기
교정 · 교열	김진섭
마케팅	이연실

발행처	도서출판 지식공감
등록번호	제396-2012-000018호
주소	경기도 고양시 일산동구 견달산로225번길 112
전화	02-3141-2700
팩스	02-322-3089
홈페이지	www.bookdaum.com

가격	13,000원
ISBN	979-11-5622-278-1 03190

CIP제어번호	CIP2017008136
	이 도서의 국립중앙도서관 출판예정도서목록(CIP)은 서지정보유통지원시스템 홈페이지(http://seoji.nl.go.kr)와 국가자료공동목록시스템(http://www.nl.go.kr/kolisnet)에서 이용하실 수 있습니다.

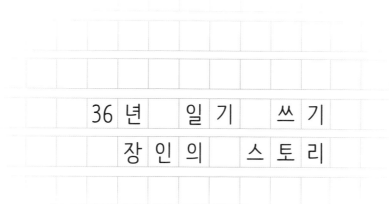

36년 일기 쓰기
장인의 스토리

Homo Scriptus

기록하는 인간

"나의 기록이 역사가 되고, 나의 삶도 누군가에게는 '꿈과 희망'이 됩니다."

정대용(인생기록연구소 소장) 지음

지식공감

인생은 기록 없이는 생각할 수 없다!

2016년 5월 말, 국가기록원 담당자가 우리 집을 방문해 내 일기장 62권을 꼼꼼히 체크하고 일기장에 기록된 내용들을 검증했다. 그리고 2주 후에는 민간기록물수집자문위원회가 열려 내 일기장에 관해서 세밀하게 2차 평가를 실시했다. 그리고 곧바로 국가기록원으로부터 나의 군대 생활 30년간의 일기가 '국가기록물'로 등재된다는 통보를 받았다.

이 소식을 듣고, 가슴 저편에서부터 뭉클한 감동이 밀려왔다. 대학입학예비고사를 마친 날, 불현듯 쓰기 시작해서 나의 20대 초반을 버텨주었던 6년간의 일기 쓰기와 군대 생활 30년 동안 나와 동반자가 되어 주었던 일기 쓰기가 객관적으로 평가를 받았다는 자부심과 함께, 내 인생의 강력한 무기가 되어 힘겨운 조직 생활에서도 낙오하지 않도록 나를 늘 성찰하게 도와준 일기가 너무나 고마웠기 때문이다.

'국가기록원國家記錄院'은 국가의 공식 문서를 포함하여 인쇄물, 서적, 지적도, 계획서, 도안, 사진, 마이크로필름, 영사필름, 녹음기록, 정부행정자료, 기타 중요한 기록물들을 국민들이 좀 더 쉽고 편리하게 활용할 수 있도록 하는 보관·관리하는 국가기관이다. 조선 시대의 홍문관, 춘추관, 승문원 등이 현재 국가기록원의 직무를 맡았던 기관이라 할 수 있다.

이미 대한민국은 『조선왕조실록朝鮮王朝實錄』 등 무려 13건의 유네스코 세계기록유산을 가진 기록 문화 국가이기도 하다. 국가기록원을 방문해 보니, 거기에는 나 말고도 한 평범한 주부가 50년 이상을 기록한 일기도 있고, 분야별로 개인이 기록한 다양한 기록물이 등재되어 있었다. 그 하나하나가 기록 유산물이자 역사였다.

개인의 기록은 고스란히 역사가 된다. 현충사를 방문했을 때의 일이다. 국보 76호인 『난중일기』가 전시된 그곳에서 이순신 장군의 기를 너무나 강하게 느낄 수 있었다. 『난중일기』 곳곳에서 그의 숨결을 느낄 수 있었고, 그의 호국정신을 배울 수 있었던 것이다. 이처럼 그의 기록은 한민족의 역사가 되었다.

인생은 바다를 항해하는 배와 같다. 바다에서 배가 지나간 자리는 파도에 의해 사라져 버린다. 우리의 인생도 기록으로 남기지 않으면 기억되지 않고 영원히 사라져 버린다.

기록하는 인간

어느 방향으로 가야 할지 모르는 사람들에게 일기는 GPS가 되어 방향을 이끌어 줄 수 있고, 목표를 뚜렷하게 기록하는 사람들에게는 더 많은 용기와 동기를 제공해 줄 것이다.

36년 동안 쉼 없이 일기를 써온 '일기 쓰기의 장인匠人'으로서 이러한 기록 문화의 중요성을 알리고 싶었다. 2017년 봄, 나라 안팎이 매우 시끄러운 일이 많이 발생하고 있다. 기업 환경도 매우 어렵다. 개인과 조직의 경쟁력이 무엇보다도 필요한 시기이다. 이때 이런 기록의 습관이 기업, 더 나아가 정부에서도 적극적으로 활용해야 할 영역이라는 것을 나의 스토리를 근거로 제시해 보고 싶었다.

최근 일기 쓰기를 비롯한 기록 문화는 제4차 산업혁명과 더불어 디지털 기록 영역에서도 더 많은 발전이 이루어지고 있다. SNS, 블로그 등 개인 미디어가 발달된 스마트 사회에서는 기록 문화가 더 공고화되고, 성장 속도도 크게 증가하고 있다.

이러한 배경에서 필자는 이 책『기록하는 인간』을 집필하게 되었다. 먼저, Part 1 '당신이 기록을 해야 하는 이유'에서는 오늘날 개인이 기록을 해야 하는 이유를 총론 격으로 제시하고 있다. 나의 스토리와 더불어 기록의 중요성과 의미를 다양하게 풀어 보았다.

Part 2 '디지털 시대에 경쟁하려면 기록해라'에서는 디지털 시대에 경쟁에서 승리하기 위해서는 기록이 필요하다는 점을 강조했다. SNS와 블로그, 유튜브 등 새로운 디지털 도구를 활용한 기록의 방법을 소개했다.

Part 3 '업무 능력 향상을 위해서 기록해라'에서는 업무 능력 향상을 위한 목적으로서 '기록'이 가진 장점을 조명했다. 필자의 군대 시절 경험을 살려 기록을 통해 업무를 처리했던 에피소드, 기업과 조직의 업무에서 기록이 차지하는 비중에 대해 사례를 통해 언급했다.

Part 4 '인생의 행복과 성공을 위해서는 기록해라'에서는 기록 습관이 인생의 행복과 성공에 어떠한 영향을 미쳤는가를 갖가지 에피소드를 소개함으로써 독자들에게 기록이 가진 매력을 어필하고자 했다.

Part 5 '인생 기록에 성공한 사람들'에서는 인생 기록에 성공한 사람들을 다루었다. 메모하는 혁신의 아이콘 스티브 잡스, 일기와 메모의 달인 다산 정약용, 『난중일기』를 쓴 이순신 장군, 일기를 문학으로 승화시킨 러시아의 국민작가 톨스토이, 261권의 책을 집필한 기록의 달인 고정욱 작가 등을 소개했다. 과거 역사 속 위인과 현존 인물인 그들을 통해 문학, 역사, 기업 등 다양한 분야에서 기록이 얼마나 큰 영향을 미쳤는가를 아주 자세하게 보여주었다.

이제 대한민국도 본격적인 노령사회로 접어들었다. 인구 분포가 젊은이는 축소되고, 고연령층이 증가하는 현상을 보인다. 따라서 지하철의 노령자 우대 좌석은 앞으로 절대 부족으로 나타날 수밖에 없다. 이러한 노령사회일수록 기록 문화는 더 중요하다. 기록이 뚜렷하고 기록을 후세에 남기는 사회가 발전한다.

이러한 이유로 나는 아예 '인생기록연구소'를 설립하고, 개인과 조직, 정부의 기록 문화 확산을 위한 캠페인을 시작했다. '자신이 직접 작성한 문자, 사진, 영상 등의 기록'을 통해 세상 사람들과 소통하는 사회가 되는데 보탬이 되고 싶었다. 지속적인 기록의 힘이 개인과 사회, 국가에 도움이 될 수 있도록 노력하겠다.

이 책이 나오기까지 나를 믿고 지지해 준 사랑하는 아내 은경과 두 아들, 1인1책의 김준호 대표, 고정욱 작가, Korea CEO Summit 회원, '사랑의 일기' 가족, 사랑하는 나의 전우, 국가기록원 모든 분들에게 감사의 말을 전한다.

2017년 3월 대전에서

Part
04 인생의 행복과 성공을 위해서는 기록해라

Part
05 인생 기록에 성공한 사람들

Homo S

PART 01

당신이 기록을 해야 하는 이유

나의 일기가 국가기록원
기록물로 등재된 사연

"어떻게 하면 매일매일 일기를 쓸 수 있나요?"

나는 이런 질문을 자주 받는다.

그럴 때면 이렇게 대답하곤 한다.

"일기 쓰는 것은 자신과의 대화입니다. 매일 일어나는 소소한 일상이야말로 기록으로 남겨야 할 소중한 가치를 갖고 있습니다. 따라서 이런 소중한 일상을 일기로 쓰다 보면, 기록하는 좋은 습관을 얻게 되지요."

군軍 생활 30년을 명예퇴직하고 제2의 삶을 준비하고 있을 때 우연히 한 사람을 만났다. 그는 국가기록원에서 근무 경험이 있던 공무원이었다. 내가 30년간의 군 생활 일기와 각종 기록물을 가지고 있다는 것을 알게 되었을 때 그는 나에게 이런 제안을 했다.

"군 생활 30년간의 일기를 국가기록원에 기증하지 않겠습니까? 국가 기록물로서 충분한 가치를 가지고 있습니다."

처음에는 반신반의했다. 나의 일기가 어떻게 국가기록물로 지정될 수 있겠는가. 하지만 그의 말에 따르면, 아직 국가기록원에는 한 개인의 군 생활 시작으로부터 전역할 때까지 30년간의 일기기록는 없다고 했다.

사실 나의 일기야말로 진솔한 삶의 이야기를 담고 있었다. 병영 생활의 모든 것을 기록으로 남겼고, 내 가족의 생활사와 애환도 모두 담겨 있었다.

그의 말을 듣고 내 일기장을 국가기록원에 기증하기로 했다. 곧바로 국가기록유산으로 영원히 보존 및 활용될 수 있는 절차를 밟았다.

2016년 5월 26일, 국가기록원 담당자 두 분이 우리 집을 방문했다. 일기장을 하나하나 확인하는 것은 물론, 일기장에 기록된 내용물까지 아주 꼼꼼하게 체크하고 사진도 촬영했다. 이것이 1차 검증 절차였다.

2차 검증 절차는, 2016년 6월 15일 민간기록물수집자문위원회가 개최되어 위원들로부터 평가를 받는 것이었는데, 평가 결과 "국가기록물로 꼭 수집해야 한다."는 통보를 받을 수 있었다.

이렇게 해서 내 일기장과 기록물들은 국가기록원으로 들어갈 수 있게 되었다.

그리고 2016년 10월 17일, 국가기록원으로부터 "기증해 주신 기록물은 국가적으로 보존·활용되어 후대 기록문화유산으로 전승될 것입니다."라는 감사장을 받기도 했다.

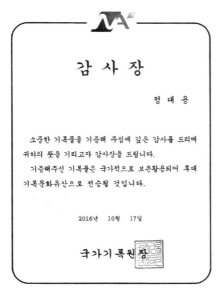

감 사 장

정 대 용

소중한 기록물을 기증해 주심에 깊은 감사를 드리며
귀하의 뜻을 기리고자 감사장을 드립니다.
기증해주신 기록물은 국가적으로 보존활용되어 후대
기록문화유산으로 전승될 것입니다.

2016년 10월 17일

국가기록원장

▲ 국가기록원 감사장.

국가기록원에 등재된 나의 기록물^{총 199점}은 다음과 같다.

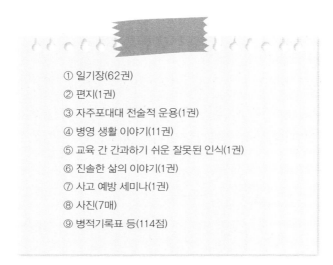

① 일기장(62권)
② 편지(1권)
③ 자주포대대 전술적 운용(1권)
④ 병영 생활 이야기(11권)
⑤ 교육 간 간과하기 쉬운 잘못된 인식(1권)
⑥ 진솔한 삶의 이야기(1권)
⑦ 사고 예방 세미나(1권)
⑧ 사진(7매)
⑨ 병적기록표 등(114점)

위 기록물은 현재 경기도 성남시에 있는 국가기록원 서울기록관에 보관되어 있다.

"일기를 왜 쓰는가?"

많은 사람들이 일기를 써왔다. 그리고 앞으로도 일기를 쓸 것이다. '일기를 쓴다'는 것은 '기록한다'라는 것을 의미한다. 탁월한 문장력이 있어야만 일기를 쓸 수 있는 것은 아니다.

내가 학창 시절을 포함하여 그 후 군 생활 30년과 총 36년 동안 일기를 쓰고 있으니, 감히 '일기 쓰기의 장인'이라고 말할 수 있을 것이다.

사실 나는 바쁠 때일수록 일기 쓰기에 더 열중했다. 대개는 "바빠서……, 귀찮아서…… 일기를 쓰지 않는다."라고들 말한다. 바쁘고 해야 할 일이 많은 현대사회에서 생존하기 위해서는 그럴듯한 말처럼 들린다. 하지만 이런 태도는 자기 자신을 잃어버리게 한다. 일기를 쓰지 않는다면 나 자신에 대한 방향성을 상실하고 하루하루를 살아가고 있는 것이다.

일기 쓰는 습관을 들이기 위해서 나는 두 가지 방법을 썼다.

첫 번째로, 나는 '자투리 시간'을 최대한 활용했다. 흔히 우리는 잠자기 전 일기 쓰기를 많이 생각하고 있다. 그런데 이것은 잘 이루어지지 않는 경우가 많다. 피곤한 몸으로 일기를 쓴다고 책상에 앉아서 일기장을 펴놓는 것 자체가 귀찮은 노동이 될 수밖에 없다. 그래서 이것이 일기 쓰기를 점점 더 멀리하게 만드는 요인이 된다. 하지만 '자투리 시간'은 얼마든지 만들 수 있다. 내가 활용한 '자투리 시간'은 점심 식사 전후, 각종 보고 및 회의 후, 퇴근 시간 후, 커피 한잔의 여유로움이 주어지는 시간이 있을 때였다.

두 번째로, 나는 일기장을 적금 통장으로 생각했다. 우리가 적금 통장을 만들 때는 목적을 가지고 시작한다. 그리고 적금 통장에 저금한 액수가 불어나면 불어날수록 뿌듯해진다. 이와 같이 내가 매일매일 작성한 일기가 차곡차곡 기록되어 나갈 때 뿌듯해진다. 책꽂이에 하나둘씩 일기장이 늘어가기 시작하면 때론 일기 쓰기가 싫어지다가도 그것을 보면 힘을 얻게 된다.

처음 일기 쓰기를 시작할 때는 일기장의 두께가 너무 두껍지 않은 것이 좋다. 한 권의 일기장을 완성했다는 성취감을 자주 맛볼 수 있기 때문이다.

하루하루 일기 쓰기로 자신의 삶을 성찰하면서 살아간다면 분명히 자신을 잃어버리지 않을 것이다. 나침반과 같이 일기 쓰기가 자신에게 명확한 방향성을 제시해 줄 것이다. 여기서 행복한 삶의 근원이 되는 힘을 얻게 될 것이다. 또한, 이렇게 기록한 자신의 삶은 역사가 될 것이다.

기록이 힘이다

'둔필승총鈍筆勝聰'이라는 말이 있다. "둔한 사람이 붓으로 기록하는 것이 총명한 사람의 기억보다 낫다."는 뜻의 사자성어이다.

두 사람이 만나 이야기를 나누고 있는 상황을 상상해 보자. 한 사람은 수첩을 꺼내 메모를 하고, 또 한 사람은 메모도 없이 그냥 대화를 한다. 만일 두 사람 사이에 나눈 대화 중 나중에 쟁점이 되었을 때, 객관적인 메모를 한 기록이 있는 사람이 유리한 것은 분명하다.

필자 역시 군대 생활 30년간 일기 쓰기를 통해 나 자신을 깊숙하게 성찰해 왔다. 그 기록 습관으로 자신을 다잡은 덕분에 성공적인 군대 생활을 할 수 있었다. 병영 생활을 마치고 집에 돌아와서도, 고된 훈련을 다녀와도, 나는 늘 일기 쓰기를 게을리하

▲ 일기 쓰기 장인의 일기장.

지 않았다. 또한, 업무상에서도 메모를 생활화해서 업무 효율을
높였다. 이러한 기록 습관으로 인해 30년간의 군대 일기가 국가
기록원에 등재되는 경사도 맛보았고, 인생 이모작을 인생 기록과
함께하는 계기도 마련했다.

　기업의 발전도 기록이 중요하다. 1980년 이대 앞 골목에서 작
은 평수의 가게에서 시작한 한 중소기업은 바인더 쓰기와 독서경
영을 통해 2013년 말 기준 연 10조 4,000억 원의 매출을 기록한
기업이 되었다. 이랜드 그룹의 이야기이다.

　이랜드는 전 회사의 직원들에게 기록을 강조했다. 바인더를 꼭
쓰게 하고, 이를 승진시험에 반영하니 직원들이 기록하기를 업무

▲ 국가기록원 기록물로 등재된 지휘관 일기장.

로 받아들였고, 이는 성과로 연결되었다.

　삼성 그룹 고 이병철 회장도 기록광記錄狂으로 알려져 있다. 그의 하루는 수첩으로 시작해 일과를 마쳤다고 한다. 그 수첩에는 빼곡하게 기업의 발전 방향에 대한 메모가 그득했고, 이는 현재의 삼성을 만든 원동력이 되었다. 최근 힘든 기업 경영에서 '기록'으로 돌파한 경영 이야기가 나오는 것이 결코 우연이 아니다.

　미국의 선교사이자 목사인 로버트 해럴드 슐러Robert Harold Schuller는 기록에 대해서 다음과 같이 이야기했다.

"나는 좋은 생각이 머리에 떠오를 때마다 언제나 메모를 해
둔다. 메모는 목표 달성을 위해 매우 중요하다. 당신은 적극
적인 생각이 떠오를 때마다 그것을 즉시 기록해 둘 수 있도
록 항상 종이를 준비해 두어라. 좋은 생각이 떠올라 종이에
기록할 때는 언제나 '지금 바로 그것을 시도하자.'라고 기록
하라. 당신의 생각을 누군가가 시도하기 전에 당신이 먼저
시도하라. 그러면 당신은 남들로부터 비범한 사람이라 불릴
것이다."

　필자는 30년간의 군대 생활 동안 메모를 해왔다. 이러한 메모
의 특징은 남에게 보이려고 한 것이 아니라 나만의 방법으로 기
록하고, 이를 군대 생활을 효율적으로 해오는 데 이용했을 뿐이
다. 당연히 형식에 얽매이지 않고 자유로운 내용이 주종을 이루
었다. 또한, 매일 일기를 쓰면서 하루를 돌아보며, 나 자신과 주
변 인물을 관찰하면서 자신을 반성하고, 개선책을 찾았다.

　"필사즉생 필생즉사必死則生 必生則死.
　죽고자 하면 살 것이고, 살고자 하면 죽을 것이다!"

　이순신 장군이 병사들 앞에서 "죽기로 작정하고 싸우면 승리할
수 있다."는 동기부여를 이끌어내는 말이다. 너무도 유명한 이 말
역시 『난중일기』라는 이순신 장군의 일기에서 확인할 수 있다. 연
기 잘하기로 유명한 김명민이란 배우는 무명 시절 대하사극 〈불

멸의 이순신〉의 주인공으로 발탁되어 인기 가도를 달렸다. 이때 필자 역시 생생한 이순신 장군의 활약과 인간적인 고뇌를 잘 알게 되었는데, 이 드라마의 원천은 『난중일기』라는 생생한 기록이 있었기에 가능한 일이었다.

이처럼 이순신 장군을 비롯한 많은 위인들은 기록과 함께했다. 카이사르의 『갈리아전기Commentarii de Bello Gallico, Gallia 戰記』, 혜초의 『왕오천축국전往五天竺國傳』, 파브르의 『곤충기昆蟲記』, 박지원의 『열하일기熱河日記』 등 동서고금을 망라하고 위인들의 기록 이야기는 역사와 함께해 왔다.

총명한 사람의 기억이 둔한 사람의 메모를 이기지는 못한다.

▲ 이순신 장군의 친필 기록, 『난중일기』.

기록에 남겨진 족보를 통해
찾은 집안의 역사

　사람에게는 '일기'와 같은 형식의 개인 기록이 있다면, 가정에서는 '족보族譜'와 같은 집안 기록이 있다. 특히, 집안이 파란만장한 역사의 굴곡에 처했다면, 족보가 결정적인 역할을 할 때가 있다. 우리 집안의 역사가 바로 그랬다.

　일제강점기 때 우리 집안은 완전히 파멸했다. 하지만 그 전에 증조부는 충청도 충주 평야의 달천이라는 곳에서 남부럽지 않게 부유하게 살고 있었다. 그러나 당시는 일제강점기여서 조선총독부의 눈치를 봐야 했는데 만일 공개적으로 일제의 편에 선다면 작은 동네에서 매국노 소리를 듣게 되어 왕따를 당하는 시대였다. 동네에서 부유한 편에 속했던 증조부는 이러한 여건에서 어려움과 고초를 겪었다.

이때 증조부는 결단을 내렸다. 조선의 자손으로서 응당 독립군의 자금을 지원했던 것이다. 그런데 독립군자금을 지원하고 있다는 정황이 일본 순사경찰에게 알려져 당시 모든 권력을 쥐고 있던 일본 헌병대의 눈엣가시가 되어 버렸던 것이다. 이미 일본 헌병대는 증조부의 토지도 수탈해 버려 이제 남은 것이라고는 경각에 달린 목숨뿐인 처지가 되어 버렸다.

자신뿐만 아니라 가족의 신변에 위험을 감지한 증조부는 아내와 어린 자녀들과 함께 야반도주를 결심했다. 소달구지에 당장 필요한 물품만 급하게 싣고, 모든 것을 내버려둔 채 미련없이 충주를 떠난 것이다. 며칠 걸려서 도착한 곳은 괴산의 첩첩산중 재피골이라는 곳이었다.

이곳에서 살아가기는 쉽지 않았다. 당장 먹고사는 것이 힘들었다고 했다. 그 와중에 증조부는 일제에게 토지를 수탈당한 것이 너무도 억울해서 화병을 얻어 그만 젊은 나이에 돌아가시게 되었다.

그래서 조부님은 증조부를 대신해 10대 초반의 나이에 집안의 가장으로서 역할을 해야만 했다. 그래서 인접 마을로 어린 나이에 고달픈 머슴살이까지도 했다. 이런 힘든 생활은 대한민국이 해방될 때까지 계속되었다.

해방 전에 태어난 아버님은 6·25전쟁을 직접 목격했다. 아버님은 어려운 집안 형편이었지만 한문 공부를 하여 한문을 읽고 쓰는 데 문제가 없었으며, 당시의 여건과 환경으로 중등교육을 받기가 어려웠지만, 학교도 졸업했다.

학교를 졸업한 아버님은 1960년대 초에 군 입대를 했다. 훈련소에서 군사훈련을 받는데 한글을 터득하지 못한 군인들이 상당히 많았다. 아버님은 동료들의 편지를 대신 써주거나 읽어주기도 했다. 훈련소에서 의무병으로 선발되어 자대 배치를 받았다. 선발된 이유는 군의관을 보좌하기 위해서는 영어로 된 각종 의료기기와 약품 내용을 알아야 했기 때문이다. 여기에다 손글씨를 잘 썼기 때문에 의무병으로 전격적으로 발탁된 것이었다.

군 복무하는 동안 군의관들이 여러 차례 이야기했다.

"너는 의무병만 하기에는 너무 아깝다. 장교가 돼라!"

아버님은 처음에는 거절했다. 그러나 그 말이 진지하게 계속되자 결심을 했다.

'장교가 되기보다는 차라리 부사관이 되어야겠다. 장교 중에는 유능한 사람들이 많아서 위로 진출하기가 쉽지 않을 것이다. 그러나 의무병과 부사관은 비전이 있다.'

아버님은 부사관의 길을 걸어가면서 정말로 성실하게 근무했다. 집안을 경제적으로 일으켜보려고 베트남전에도 참전했다. 맹호부대 의무 부사관으로 전쟁터를 오가면서 죽을 고비도 수차례 넘기도 했다. 이때 본국으로 송금된 월급과 생명수당으로 논과 밭을 사는 데 결정적인 역할을 했다. 이때부터 집안이 어느 정도 안정을 찾기 시작했다.

아버님은 군 생활 33년을 영광스럽게 마치고, 전역 후 제2의 인생으로 회사에 취직하여 관리직 간부로서 20년간 직장생활을 했다. 지금은 군인연금으로 생활하고 있다.

아버님은 증조부가 일제강점기 때 급히 첩첩산중의 마을로 피신한 지 50년이 지난 1976년에 집안 찾기에 나섰다. 집안 찾기는 결코 쉬운 일이 아니었다. 그런데 가문을 찾을 수 있었던 결정적인 것이 '족보'였다.

우연한 기회에 '연일정씨延日鄭氏' 족보를 갖고 계신 분을 알게 되었다. 족보를 확인하는 과정에서 증조부님의 이름을 발견했다. 이때부터 집안을 찾기 위한 활동이 3년 동안 지속되었다. 족보에 증조부님의 이름이 있다고 해서 무조건 받아주는 것은 아니었다. 충분한 증거 자료가 요구되었던 것이다.

증조부께서 거주하셨던 충주를 비롯하여 연일정씨 문중이 있는 파주, 충북 진천군 문백면에 있는 송강 정철 사당, 또한 많은 연일정씨 분들을 찾아다니면서 증조부님에 대해 알고 계신 분을 찾았던 것이다. 그러나 그리 쉽지 않았다. 하지만 지성이면 감천이라고 충주에서 증조부님에 대해 증명해 주실 분을 찾았다. 드디어 족보와 50년 전의 생생한 증언 등을 통하여 연일정씨 문중으로부터 같은 집안사람임을 인정받아 집안을 찾게 된 것이다.

족보 외에는 아무런 기록이 남아 있는 것이 없었다. 족보라는 기록물이 없었다면 우리 집안의 역사를 영원히 찾을 수 없었을 것이다.

한 가족의 역사를 되찾게 해준 것이 가문의 기록인 족보인 것이다. 그런데 토지와 관련해 물질적인 기록이 실제 재산을 되찾게 해준 경우도 있다.

서울중앙지법 민사합의부^{이흥권 부장판사}는 박 모 씨 등 184명이 국가를 상대로 낸 손해배상 청구 소송에서 "국가는 손해배상금 651억 3,000만 원과 지연손해금을 포함해 총 1,217억여 원을 배상하라."고 2016년 초에 판결했다. 1960년대 초반 구로공단 조성 과정에서 농지를 빼앗긴 농민과 유족들이 국가로부터 1,000억 원대 피해보상금을 받게 된 것이다.

정부는 1961년 9월 구로수출산업공업단지^{구로공단}를 조성한다는 명목으로 서류상 군용지였던 구로동 일대 약 30만 평의 땅을 강제수용하고 그곳에서 농사를 짓던 주민들을 내쫓았다. 농민들은 이 땅이 1950년 4월 당시 농지개혁법에 따라 서울시에서 적법하게 분배받은 것이라며 1967년 3월 국가를 상대로 소송을 내 이겼다.

이후 검찰은 1968년부터 농민들에게 소송 사기 혐의를 뒤집어 씌워 수사했고, 이 과정에서 소송을 취하하지 않은 농민 등 41명을 형사재판에 넘겼다. 정부는 이 수사 기록을 내세워 민사재판 재심을 청구했고, 1989년 다시 토지 소유권을 가져갔다.

하지만 2008년 7월, 진실·화해를 위한 과거사정리위원회가 "국가의 공권력 남용으로 벌어진 일이다."라고 진실규명 결정을 내리면서 관련 재판 결과가 모두 제자리로 돌려진 것이다.

재판부는 "국가가 공권력을 동원해 토지 분배자들을 유죄 판결받게 하고, 이로 인해 분배 농지의 소유권 취득 권한을 상실하게 했다."며 국가의 배상 책임을 인정했다.

농지개혁법에 따라 적법하게 분배받은 땅을 되찾게 해준 것은 당시 토지소유권을 기록한 문서였음은 자명한 일이다.

이처럼 기록을 남기면 필자의 집안처럼 가문의 명예도 되찾을 수 있고, 강탈당한 토지도 반환받을 수 있다. 그래서 기록은 중요하다.

기록은
기억을 지배한다

  평소 기록의 중요성을 느끼는 경우가 많다. 한번은 기억에 관한 영화 〈메멘토^{Memento}〉를 인상 깊게 보았다. 2인조 강도가 침입하여 주인공 레너드의 아내는 성폭행당하고, 레너드는 머리에 부상을 입고 단기기억 상실 환자가 된다. 이 사고로 주인공은 더 이상 새로운 기억을 만들어 내지 못한다. 그의 기억 지속 가능 시간은 10분밖에 되지 않는다. 자신의 짧은 기억력을 보완하기 위해 그는 메모를 한다. 인물이나 장소 등은 폴라로이드 사진으로 촬영하여 주석을 달기도 한다. 나중에는 메모 또한 타인에 의해 조작할 수 있다고 보고 자신의 몸에 직접 문신을 새겨 정보들을 기록하기에 이른다.

  이 영화를 보면서 내 신체에 감사하다는 생각이 들었다. 또한,

필사적으로 자신의 신체에 기록하는 주인공의 모습을 보면서, 메모의 유용성이 새삼스럽게 떠올랐던 영화였다.

스페인 작가 발타자르 그라시안Baltasar Gracian, 1601~1658은 "기록은 기억을 남긴다."는 명구를 남겼다. 이 문구는 반대로 뒤집으면 "기록되지 않은 기억은 불완전하다."는 의미를 내포한다.

로렌 슬레이터가 쓴 『스키너의 심리상자 열기』라는 책이 있다. 이 책에는 세상을 바꾼 위대한 심리실험 열 장면이 나오는데, 필자는 여덟 번째로 소개된 엘리자베스 로프터스의 가짜 기억 이식 실험이 제일 흥미로웠다.

로프터스는 교통 신호등에 대해 실험을 했다. 실험에 참가한 이들에게 빨간 신호등을 보여주고 이렇게 물었다.

"조금 전 신호등이 노란색이 아니었나요?"

그러자 신기하게도 참가한 사람들이 빨간 불을 본 자신의 기억을 지우고 질문자의 말에 따라 노란색이었다고 대답했다. 이 실험은 질문을 어떻게 하느냐에 따라 완전히 잘못된 기억을 할 수 있다는 사실을 여실히 보여준다.

필자도 예외는 아니다. 경기도 일산에 처남이 살고 있는데, 대전을 떠나 서울로 일을 보러 오면 가끔 처남 집에서 일박을 하곤 한다. 어느 날 일산 초입에 들어서면서 새로 생긴 국밥집을 쳐다

보면서 나도 모르게 "참 그 국밥집 맛있어 보이는데, 한번 가야겠네."라고 이야기하자, 아내가 크게 웃었다. 이상해서 "왜 웃는데?"라고 물었더니, 이런 대답이 돌아왔다.

"당신이 한 달 전에도 저 국밥집을 가겠다고 했는데요."

하지만 나는 전혀 기억이 나지 않았다. 아내가 나를 골탕먹이려고 하는 것은 아니니, 내가 기억을 하지 못하는 것이 맞다고 생각했을 뿐이다. 이처럼 기억은 잊히게 마련이므로 기록은 꼭 필요하다.

기록을 하면 신경 쓰지 않아도 된다. '기억'은 임의로 생각해 낼 수 있지만, '기록'은 전체를 통째로 기억해 낼 수 있다.

실제로 갑자기 떠오르는 아이디어도 간단하게나마 메모를 해 두면 간단한 내용이라도 나중에 메모한 내용만 봐도 전체적인 내용을 모두 기억해 낼 수 있다. 따라서 간단한 기록은 당신의 소중한 것을 기억할 수 있도록 도와주는 최고의 도구이다.

"기록은 기억을 지배한다." 메모하고 기록하는 습관이 당신의 인생을 바꾼다.

내가 메모형 인간이
된 이유

2017년 1월, 1인1책과 도서출판 문장이 함께 추진한 여행 프로젝트인 '꽃보다 문학 3—베트남 다낭'을 다녀왔다. 3박 4일 일정으로 다낭과 그 주변을 도는 즐거운 여행이었다. 관광지마다 이동을 버스로 했는데, 버스 안에서 필자는 늘 가이드의 이야기든가, 주변 명소에 대해 메모했다. 그러자 함께 간 일행 중 한 명이 나중에 "무엇을 그렇게 자주 기록하느냐?"며 의아해했다. 그만큼 난 메모광이다.

내가 메모를 하는 이유는 기억해야 할 것이 많기 때문이다. 현대사회는 자본이나 기술 이외에 적시 적소에 필요한 정보나 지식을 요구하는 사회이다. 이런 사회에서는 직접 정보를 수집하고,

이를 지식화 및 전문화해야 한다. 이것을 기억만으로는 할 수 없다. 메모가 바로 요긴한 방법이다.

국내에서 인기가 높은 『개미』, 『나무』, 『뇌』, 『신』 등의 베스트셀러를 낸 프랑스 작가 베르나르 베르베르^{Bernard Werber, 1961~} 가 있다. 그는 새로운 사실을 발견할 때마다 컴퓨터 속에 폴더를 만들어 저장해 놓는다고 한다. 특히, '꿈 메모하기'를 즐겨 한다고 한다. 전날 밤 꾼 꿈을 메모한다고 하니, 그의 메모 습관을 가히 짐작할 수 있다.

필자는 메모할 때 요점만 정리하는 나 나름의 습관을 갖고 있다. 특히, 나는 날짜나 금액 등의 숫자는 틀리지 않게 기록한다. 왜냐하면 정보가 정확하지 않으면 기록해 봤자 아무런 의미가 없기 때문이다. 이외에도 언제^{when}, 어디서^{where}, 누가^{who}, 무엇을^{what}, 왜^{why}, 어떻게^{how} 등 육하원칙을 꼭 상기하면서 메모를 한다.

이렇게 메모를 하다 보면, 부수적으로 얻는 것이 있다. 기억력이 좋아진다는 것이다. 갑자기 떠오른 아이디어를 간단하게나마 메모해 두면 그것이 아무리 간단하더라도 나중에 보면 전체적인 내용을 기억할 수 있다.

어느 날 하루의 일과를 정리하고 퇴근하려고 자리에서 일어서는데, 후배 한 명이 찾아왔다. 나는 후배를 반갑게 맞아주었다.

기록하는 인간

그런데 그의 얼굴 표정을 보니 왠지 모르게 어두워 보였다. 그 이유를 물으니, 1년 전쯤 친구에게 돈을 빌려주었는데, 이 친구가 돈 갚을 생각을 전혀 하지 않는다는 것이었다. 더군다나 친한 친구이기 때문에 조심스럽게 빌려 간 돈 이야기를 꺼냈는데 이렇게 말했단다.

"내가 언제 너에게 돈을 빌렸니? 돈 빌린 기억이 전혀 없는데!"

하도 어이가 없어서 이렇게 말했단다.

"1년 전쯤 내가 너에게 빌려주었잖아. 급하다고 해서 내가 가지고 있던 20만 원을 몽땅 주었잖아!"

하지만 친구이기 때문에 더 이상 뭐라고 말할 수도 없어서 벙어리 냉가슴 앓듯 가슴앓이만 하고 있다가 그날 나를 만났던 기억이 나서 혹시나 하고 찾아왔다는 것이었다.

혹시나 후배에게 도움을 줄 수 있을까 해서 난 1년 전 메모지를 찾아보았다. 다행히 책상 서랍에 그 메모지가 있었다. ○월 ○일 16:00경 후배와 업무 협조를 하기 위해 만났던 기록이 있었다. 후배와의 업무 협조 내용도 적혀 있었다. 이 메모지를 보는 순간, 후배는 환한 미소를 띠며 고맙다고 했다. 비록 짤막한 내용이었지만, 친구에게 돈을 빌려준 날짜를 정확히 알 수 있었기 때문이다. 또한, 이 메모지를 통하여 그 당시에 있었던 모든 것을 온전하게 기억해 낼 수 있었다.

며칠 후 후배로부터 전화 연락이 왔다.

"선배님, 감사합니다! 친구한테 빌려준 돈을 받았어요!"

나 역시 군대 시절 처음부터 메모를 하지는 않았다. 어느 날인 가부터 메모를 시작했는데, 처음에는 쉽지 않았다. 막상 메모를 하려 해도 메모지가 없어서, 또는 상대방의 말을 듣느라고 메모 할 기회를 잃어버리기도 했다. 그 때문에 나는 항상 작은 수첩을 가지고 다니며 떠오르는 아이디어를 즉시 기록할 수 있는 훈련을 하게 되었다. 새로 지휘관으로 부임한 부대에서 근무병에게 재떨 이 대신 메모지를 가져다 놓도록 지시하니, 해당 근무병의 얼굴 이 밝아지는 일도 있었다. 하루에도 몇 번씩 치워야 하는 재떨이 대신 메모지가 그 자리를 차지함으로써 사무실 공간도 깨끗해지 고 근무병으로서 수고가 확 줄어들었기 때문이다.

어떤 이는 메모를 하기 위해 집안 곳곳에 메모지를 놓아둔다 고 한다. TV와 침대, 전화기 옆, 현관, 화장실에도 메모지를 놓 아둔다는 것이다. 기록하기 위해서라고 한다.

목욕을 하면 긴장이 풀리기 때문에 신선한 아이디어가 떠오르 기도 한다. 한번은 목욕탕에서 책 집필과 관련해 떠오른 아이디 어가 너무 중요하다는 생각이 들어 목욕탕에서 잠시 나와 수건 으로 잠깐 물기를 닦고 수첩을 찾는데 공교롭게도 보이지 않아 할 수 없이 스마트폰의 메모난에 급히 아이디어를 적었다. 그리고는 다시 목욕탕으로 향하는 나를 어떤 사람이 의아하다는 표정으로 나를 바라보았던 기억이 난다.

　메모하는 방법에 정답은 없다. 자신에게 편리한 방법을 택하면 된다. 메모할 도구로 색깔 있는 펜을 사용해 색깔별로 구분하거나, 스마트폰으로 중요한 것을 메모하고, 이를 이용하면 자신의 경쟁력을 높일 수 있다는 것이다. 메모형 인간으로 거듭나기를 제안한다.

인생 이모작을
준비하는 인생 기록

2015년 말, 군대를 마치고 고민한 것은 인생 2막을 어떻게 준비할 것인가였다. 군대 시절을 돌아보니, 참 파란만장했다. 경험자는 알겠지만, 군대 생활이 그리 녹록지 않다. 그때 필자를 버티게 해준 것은 나의 기록, 일기였다.

매일 빠지지 않고 기록한 나의 일상이 나를 스스로 견제하고, 격려해 주었다. 그래서 버틸 수 있었다. 만일 내가 군대 생활에서 버티지 못하고 전역을 했더라면 현재와 같은 여유는 없었을 것이다.

군대 생활 30년 동안의 일기가 무사하게 전역을 이어준 징검다리가 되었고, 그 덕분에 군인연금을 받을 수 있기에 인생 2막도 좀 더 여유를 갖고 준비할 수 있었다.

인생기록연구소를 만들게 된 것도 순전히 일기 덕분이다. 일기 쓰기와 업무 메모, 디지털 기록의 중요성을 누구보다도 알고 있는 필자로서는 이런 기록의 힘을 더 많은 사람들에게 알리고자 인생기록연구소를 창립한 것이다.

주위를 둘러보면 노후 준비에 고민하는 사람들을 많이 본다. 군대의 전역을 앞둔 사람들, 기업체의 정년을 앞둔 사람들, 관공서를 다니는 사람들도 노후를 걱정한다.

노후 준비라고 하면 경제적인 관점에서 부동산을 사고, 주식에 투자한다. 물론 노후자금도 중요하다. 그런데 못지않게 중요한 것이 노후를 대비할 수 있는 자기 관리와 비전이다. 그 방법으로 개인의 기록을 추천한다.

필자는 일기를 쓰면서 자신을 돌아보고, 변화하는 단초로 삼았다. 또한, 이를 기반으로 30년 군대 생활을 무사하게 마쳐, 현재 연금 생활자로 안정적인 생활을 구축하고 있다. 이외에도 그 일기를 기반으로 인생기록연구소를 만들고, 인생 2막을 개척하고 있다. 이번에 도전한 책 쓰기도 인생 이모작의 연장선이다. 책을 쓰고 강사로 나서는 일은 그리 큰돈을 투자하지 않고서도 자신의 비전을 찾을 수 있는 방법이기도 하다.

나 역시 막상 30년간의 군대 생활을 제대한다고 했을 때 일종의 불안감이 찾아왔다. 사실 주변을 둘러보면, 오랜 군 생활이나 공직 생활을 마친 후 사회생활에 뛰어드는 많은 사람들이 시행착오를 크게 겪고 있었다. 한마디로 자신이 평생을 모은 기본 자금을 한순간에 날리는 경우도 많았다. 이런 경우를 지켜보면서 그 시행착오를 없애고 나만의 노후를 대비하려는 프로젝트가 필요하다는 걸 절감했다.

그것이 나만의 브랜드를 만든 인생기록연구소 설립이었다. 또한, 이를 토대로 강사와 저자에 도전하기로 한 것이다.

실제로 인생 이모작 활동에 나선 이후 다양한 사람들을 많이 만났다. 자그마한 기업의 임원으로 활동하다가 새롭게 인생 이모작에 도전하는 P도 그런 사람이었다.

P는 기업의 임원으로 평생 갈 수 있다고 보았지만, 퇴직을 하니 당장 앞으로의 생활과 진로에 큰 불안감을 느꼈다. 그는 평소에 책도 거의 읽지 않고 기록과는 담을 쌓아온 사람이었다. 하지만 지금 P는 그 누구보다도 열심히 독서와 글쓰기에 매진하고 있다. 주변에서 인생 이모작으로 열심히 살아가는 사람들의 모습을 보며, 그 역시 동기부여를 받고 새로운 인생 이모작을 시작한 것이다.

특히, P는 독서일기를 쓰기 시작했다. 자신이 읽은 새로운 책의 느낌을 글로 적고, 작지만 실천했던 내용들을 기록한 것이다. 이 독서일기 이후, P의 생활은 달라졌다. 최근 만난 P는 매우 자신감이 있었다. 그의 당당한 태도는 독서일기가 크게 영향을 미쳤다.

신문에서 '은퇴 크레바스'란 용어를 본 적이 있다. 크레바스 crevasse란 빙하의 표면에 생긴 깊은 균열을 뜻한다. 은퇴 크레바스는 직장에서 은퇴한 후 연금을 받기 전까지의 소득 공백기를 가리킨다. 바로 정년퇴직부터 연금을 받기 시작하는 60~65세까지 최소 5년에서 10년까지의 기간이다. 이 기간을 어떻게 잘 극복할 것인지가 은퇴 문제에서 최대 이슈라고 볼 수 있다.

이 기간에 자신의 브랜드를 만들고, 강사와 저자로 데뷔해서 인생 이모작을 설계해 보자. 그럼 어떻게 해야 할까? 일단 기록하는 인간이 될 필요가 있다.

"독서는 완성된 사람을 만들고, 담론은 재치있는 사람을 만들고, 필기는 정확한 사람을 만든다."고 철학자 프랜시스 베이컨 Francis Bacon, 1561~1626은 일갈했다. 그만큼 필기와 기록의 중요성을 강조한 이야기이다. 기록하면 길이 열린다.

취업 경쟁력은
기록이 만든다

학생군사교육단^{학군단, ROTC}이 설치된 4년제 대학교가 전국에 116개가 있다. 각 대학별로 재학생을 선발하여 2년간의 군사교육을 실시한다. 졸업과 동시에 육군·해군·공군 장교로 임관하는 제도이다.

학군단이 설치된 대학교를 정기적으로 평가하는 것은 물론 각 학교의 총장, 실무자의 의견을 수렴하여 학군단 운영에 반영하기 위해 많은 활동이 이루어진다.

이러한 활동을 수행하기 위해서는 다수의 인원이 교육 훈련, 행정, 예산 등 기능별로 전문가 그룹이 구성되어 점검 및 의견 수렴을 한다. 임무 수행 기간은 통상 2주 또는 3주 정도 소요된다. 모든 활동이 완료되면 보고서를 제출해야 한다. 그런데 보고

기록하는 인간

서를 작성하여 제출해야 하는 시간이 다가올수록 스트레스를 받는 강도가 점점 더 높아진다.

이럴 때쯤 되면 "누가 나 대신 보고서를 작성해 주는 사람 없나?"

공공연하게 이야기하는 횟수가 늘어난다. 각 학교를 점검하고 의견을 수렴한 내용을 말로 표현하기는 쉬워도 문서로 작성하는 것은 모두에게 부담스러운 일이다. 그러다 보니 대필代筆하고 싶은 욕망이 자연스럽게 나타나게 된다. 평상시 글쓰기 실력에 자신 없는 사람의 업무수행 고통은 말로 다 표현할 수 없을 지경이다.

필자는 36년 동안 일기 쓰기를 쓰다 보니 보고서를 작성하는 데 특별한 어려움을 느끼지 않는다. 그래서 임무 수행 전체를 총괄하는 보고서 작성도 싫어하지 않고 자주 맡곤 했다.

얼마 전 서울대에서는 2017학년도 자연과학대학 신입생을 대상으로 글쓰기 능력 평가를 시범적으로 실시한다고 밝혔다. 2018학년도부터는 평가 대상을 신입생 전원으로 확대하는 방안을 추진하고 있다. 그 이유는 학생들이 자기 생각을 글로 옮기는 능력이 부족하기 때문이라는 것이다. 입시 위주의 고등학교 수업에서 글쓰기 훈련은 거의 없다. 그러다 보니 대학에 와서 리포트를 작성하거나 시험을 치를 때 어려움을 겪는 것은 당연한 일이 아닌가?

이것은 서울대만의 일이 아니다. 전국 모든 대학이 안고 있는 문제다. 초등학교 저학년 때부터 체계적인 시스템을 갖추어야만 '글쓰기 능력 부족' 현상을 극복할 수 있다.

　직장인이 다니던 회사를 그만둘 때 사직서를 제출한다. 그런데 사직서를 성의 없이 제출했다가는 같은 업계에 좋지 않은 평판이 돌게 되어 재취업에 부정적 영향을 미칠 수 있다는 말 때문에 대필업체에 사직서를 대신 작성해 달라는 의뢰가 증가하고 있다고 한다.
　어떤 직장에서는 비정규직 사원의 계약 연장을 해주지 않으려고 조금만 잘못해도 경위서를 쓰라고 요구한다. 경위서를 직접 작성하여 제출할 때마다 "무슨 말인지 모르겠다." "문장의 앞뒤가 맞지 않는다."는 식으로 퇴짜를 놓으면서 재작성하라고 하여 노이로제에 걸릴 지경이라고 토로하는 직장인들이 늘어나고 있다.
　이러다 보니 돈을 받고 문서 작성뿐만 아니라, 사직서, 각종 경위서^{시말서}, 사과문, 불량 남편 반성문 등을 작성해 주는 대필업체가 호황을 맞고 있다고 한다.

　'디지털 세대'는 스마트폰을 이용한 문자메시지나 SNS^{소셜네트워킹 서비스}의 짧막한 문장에 익숙해져 있고, 논리적인 글을 써본 경험이 적다. 사실 대학에서도 졸업논문이 사라져 가고 있는 게 현실이다.

2000년대 초반 대필업체는 10여 곳에 불과했는데, 지금은 100여 개 업체가 활발하게 영업 활동을 하고 있다. 처음에는 취업 준비생들을 위한 자기소개서 위주였던 것이 사직서, 경위서, 연애편지 및 탄원서 등으로 점점 그 영역이 확장되어 가고 있다.

취업 포털 사이트 '커리어'가 2015년 3월에 구직자 315명을 설문 조사한 내용에 따르면, 구직자의 64퍼센트가 입사지원용 자기소개서를 작성할 때 국어 문법을 어려워하는 것으로 조사되었다. 이들은 문법 중에서도 '맞춤법36퍼센트'이 가장 어렵다고 했으며, '구어체와 문어체의 구분25퍼센트', '띄어쓰기23퍼센트', '피동·사동 표현11퍼센트', '높임말 사용5퍼센트' 순으로 난색을 표했다. 그런데 요즘 회사들은 스펙 초월 채용 확대로 점점 더 자기소개서의 비중을 늘리고 있어서 구직자들에게 국어 문법에 대한 어려움을 더 크게 겪도록 만들고 있다.

"글쓰기 또는 국어의 문법에 어려움을 느끼는 이유는 무엇인가?"라는 질문에는 "평소에 글을 쓸 일이 별로 없어서."라는 답이 39퍼센트로 가장 높았고, 그다음은 "독서가 부족해서."가 23퍼센트, "평소 국어 사용 시 신경을 쓰지 않고 함부로 사용해서."가 18퍼센트였고, 이밖에 "손글씨보다 컴퓨터 사용량이 늘어서."와 "인터넷을 통해 신조어 또는 축약어를 자주 사용해서." 순으로 대답했다.

글이라고 하는 것은 쓸수록 느는 것인데, 이렇게 대필업체에 글을 맡기면 글쓰기 실력이 향상될 수 없다. 논리적인 글을 쓰기 위한 방법으로 '일기 쓰기'를 비롯한 기록을 적극적으로 권장한다. 기록은 자기 자신에 대한 성찰뿐만 아니라, 취업 경쟁력에서 분명히 우위를 차지하게 해줄 것이다. 오늘부터 당장 일기를 쓰고, 메모하는 습관에 나서라.

인생 기록
'삼찰'로 이어진다

    일기^{日記}란 '내 인생의 문학작품'이다. 따라서 주인공이 바로 나다. 가장 길게 써내려가는 멋진 인생의 작품이 바로 일기다. 이보다 더 긴 문학작품이 있을까.

    일기는 '하루의 기록'이다.

    그런데 그런 "일기를 왜 안 쓰는가?"라고 질문하면 대개 이렇게 대답한다.

    "쓰기 싫으니까요."

    "쓸 시간이 없어요."

    "초등학교 때 지긋지긋했던 일기 쓰기 숙제가 억압으로 다가옵니다."

    "일기 쓰기가 공부 시간과 자유 시간을 뺏어가요."

미국의 경제 매체 '아이엔시닷컴Inc.com'이 '거대한 결과를 가져오는 사소하지만 가치 있는 습관 5가지'를 소개하면서, 이런 습관을 갖도록 투자하라고 권유하고 있다.

거대한 결과를 가져오는
사소하지만 가치 있는 습관 5가지

첫째, 알람을 설정하고 이에 맞춰서 일어나라.
⇨ 스스로 약속한 것을 지키는 습관을 길러준다.

둘째, 삼시 세끼를 제시간에 챙겨라.
⇨ 스트레스에서 벗어나 건강한 삶을 유지하게 도와준다.

셋째, 매일 30분씩 책을 읽어라.
⇨ 뇌를 생생하게 유지시켜주고, 지식의 흐름을 알게 해준다.

넷째, 잠들기 전에 반성하는 시간을 가져라.
⇨ 진실해지는 시간을 갖게 되어 더욱 발전할 수 있는 방법을 찾을 수 있다.

다섯째, 15분 정도 명상하라.
⇨ 자신에 대한 자각, 미래를 볼 수 있는 안목과 통제 능력을 보유하게 된다.

시간을 내서 운동하러 헬스장으로 가는 것은 건강을 위해 투자하는 셈이다. 이처럼 투자를 해야 뭔가를 얻을 수 있다.

일기를 쓰게 되면 '가치 있는 습관 5가지' 중에 두 가지를 동시에 얻을 수 있는 효과가 있다. 반성하는 시간이 자기 자신에 대한 '성찰'의 시간이 되고, 명상하는 것은 통찰력을 향상시키는 방법이 된다. 앞에서도 언급했지만, 일기를 쓰게 되면 '성찰'과 '통찰'뿐만 아니라 '관찰력'까지 향상된다. 즉, 성찰, 관찰, 통찰이라는 '삼찰'을 얻게 되는 행복을 맛볼 수 있다.

일기를 쓰면 유익하다는 것은 누구나 다 알고 있는 사실이다. 그러나 문제는 일기 쓰기를 지도하는 부모님과 선생님들의 학습지도 방법이다. 가장 좋은 방법은 부모님과 선생님들이 직접 행동으로 '일기 쓰기'를 보여 주는 것이다. 그리고 함께 공감하면 된다.

기록의 첫걸음은 일기 쓰기이다. 이순신 장군의 『난중일기』가 없었다면 과연 임진왜란은 어떻게 재구성되었을까? 『난중일기』를 삭제한 상태에서 임진왜란을 논한다는 것은 그리 쉽지 않을 것이다. 새삼 기록의 중요성을 느끼게 한다.

인생 기록을 통하여 하나의 작품을 남기고 가는 것이 자신의 이름을 남기는 것이 아니겠는가?

많은 분들이 이런 이야기를 한다.

"우리 같이 평범한 사람들이 기록을 남긴들 뭐 그리 중요하겠는가? 유명한 사람들 또는 국가적 영웅이나 자신의 기록을 남기는 것 아닌가?"

▲ 일기장에 누워서 살아온 날들을 회상하는 필자.

현대사회에서 개인의 삶과 가치는 매우 중요하다. 이 시대의 주인공은 바로 자기 자신이다. 세상에서 나보다 소중하고 귀한 사람은 없을 것이다.

우리가 살아가고 있는 이 시대는 살아가기가 정말 바쁜 세상이 되었다. 그러다 보니 '일기 따위는 쓸 시간이 없다. 그렇지 않아도 바빠서 정신이 없는데 굳이 일기를 써서 뭐하나?' 하는 생각을 갖게 된다. 그런데 바쁜 나날 속에서 우리는 '자기 자신이 사라져 간다.'는 공포와 허무감을 느낀다.

그러다 보니 자기 자신이 매일 무슨 일을 하면서 살아가고 있는지 깨닫지 못한다. 자신을 올바르게 관리하기가 점점 더 어려워진다. 즉, 진정한 내가 없는 것이다.

일기는 나의 삶이며 살아 있는 역사이다. 기록하다 보면, 인생이 되고 역사가 된다. 기록은 나 자신을 위한 것이지만, 가족과 후손들을 위한 진정한 배려와 사랑이기도 하다. 후손들이 나를 거울삼아 나보다 더 의미 있고 가치 있는 삶을 살 수 있도록 인도해 주는 발전의 원천이 될 수 있다. 시행착오를 최소화할 수 있도록 안내해 주고, 삶의 지혜를 얻게 해준다.

『안네의 일기』가 있다. 독일의 나치당이 정권을 잡고 유대인 박해가 시작되었을 때, 은신처에 몸을 숨긴 10대 소녀 안네는 불안했던 당시에 일기를 '키티'라고 부르며 일상을 적어 나갔다. 작지만 소중했던 그 일기가 후대에 나치의 비인간적인 유대인 학살 과정에 하나의 스토리로서 알려지기 시작했다. 후에 『안네의 일기』는 아버지에 의해 출판되어 전 세계인에게 3,200만 부가 나간 베스트셀러가 되었고, 하나의 역사적인 기록물이 되었다.

이런 말이 있다.

"위대한 사람은 작가가 써주고 후대의 사가들이 정리해 주지만, 평범한 우리는 스스로 기록해야 한다."

우리 스스로가 기록하지 않으면 역사 속에서뿐만 아니라 자신의 세계에서도 존재하지 않는다. 기록을 남기는 것은 나 자신뿐만 아니라, 사랑하는 사람들을 위해 남기는 것이다.

기록으로 세계사를
움직인 위인들

"주사위는 던져졌다."는 문구를 한 번쯤 들어 보았을 것이다. 로마 시대 장군이었던 카이사르가 군대를 해산하고 로마로 돌아오라는 로마 원로원의 결의가 나오자 기원전 49년에 갈리아와 이탈리아의 국경인 루비콘 강을 건너 로마로 향하면서 내뱉은 말이다. 당시 카이사르는 『갈리아전기』를 기록했다. 당시 그는 후세의 역사가들에게 자료를 제공하고, 자신에 대한 비난에 대비하고, 동시에 정치를 하기 위해 적었다고 한다. 이유야 어떻든, 이 기록들이 당시 시대상을 객관적으로 알 수 있는 소중한 기회를 제공하기에 오늘날에도 매우 큰 가치가 있는 것이다.

실제로 세계사를 움직인 위대한 기록들을 살펴보면, 그 시작은 일기 쓰기로부터 출발을 한 지식과 감동을 주는 기록들이 상당

기록하는 인간

히 많다.

일기 쓰기와 관련된 몇 명의 위인들을 소개하면 다음과 같다.

첫째, 『항해록』이라는 책을 썼던 크리스토퍼 콜럼버스(Christopher Columbus, 1451~1506)가 있다. 그는 신대륙 발견으로 유럽인들의 활동 무대를 넓혔다.

둘째, 『스콧, 최후의 원정』을 기록한 스콧이 있다. 그는 이 책에서 남극의 환경, 탐험 여정, 동료들의 용기와 사람에 대해 서술하고 있다.

셋째, 『안네의 일기』를 쓴 안네 프랑크(Anne Frank, 1929~1945)가 있다. 그녀는 나치 독일의 잔혹함과 광기를 이 일기를 통해 고발하고 있다.

넷째, 『곤충기』를 쓴 파브르(Jean Henri Fabre, 1823~1915)가 있다. 그는 관찰일기로 '곤충학'의 학문 분야를 개척했다.

다섯째, 『열하일기』를 쓴 박지원(朴趾源, 1737~1805)이 있다. 그는 이 책을 통해 청나라의 선진 문물을 소개함으로써 조선 사회를 개혁하고자 했다.

그리고 세계 여행기와 편지라는 위대한 기록들도 있다.

첫째, 통일 신라의 승려 혜초(慧超, 704~787)는 『왕오천축국전』을 통해 고대 인도의 불교 성지 순례와 실크로드에 관해 기록하고 있다.

둘째, 사도 바울은 『바울서신, 13통의 편지』를 통해 기독교 신약성경을 기록했다.

셋째, 마르코 폴로(Marco Polo, 1254~1324)는 동방 여행을 통해 세계 지도를 바꾼 일을 『동방견문록』을 통해 기록했다.

우리나라는 기록하는 습관이 취약하다고 한다. 어릴 때부터 기록하는 습관을 길러주어야 한다. 그런데 초등학교 다닐 때 '일기 쓰기' 트라우마에 시달리는 사람이 의외로 많다. 왜냐하면, 초등학교 때 일기 쓰기를 하기 싫은 숙제로 만들어 버림으로써 일기 쓰기의 재미를 빼앗아갔기 때문이다. 담임교사의 감시가 진솔한 기록으로 연결될 수 있는 통로를 차단했기 때문이기도 하다.

초등학교 저학년 때부터 사실을 있는 그대로 기록하는 과정을 습득하게 해주고, 진정한 자신을 재발견할 수 있도록 지도해 주어야 한다. 작은 변화의 시작은 매일매일 기록하는 습관으로부터 출발한다. 그것이 자신의 인생을 극적으로 변화시켜 줄 것이다.

'호사유피 인사유명虎死留皮 人死留名'이란 아주 유명한 속담이 있다. "호랑이는 죽어서 가죽을 남기고, 사람은 죽어서 이름을 남긴다."는 말이다. 자신의 이름을 남기는 방법은 바로 기록이다. 사람은 바로 기록으로 남긴다!

NOTE

Homo S

PART 02

디지털 시대에 경쟁하려면 기록해라

기록 저장 매체의
발달

이탈리아 피렌체를 방문했을 때 '두오모' 대성당을 가보았다. 성당 내부에는 조르조 바사리^{Giorgio Vasari}의 〈최후의 심판〉이 돔 천장에 그려져 있었다.

그런데 이곳 두오모 성당에는 이런 낙서들이 적혀 있었다.

"○○, ○○ 왔다 감. 두오모 짱!"

"○○ 사랑해. 인생 대박 나자!"

여행자들의 기록이 낙서로 도배되어 있었다. 낙서는 일본어, 중국어, 한국어 위주로 되어 있었다. 단순한 추태가 아니라 세계문화유산을 심각하게 훼손하는 것이다. 이러한 낙서에서 보듯, 인간은 끊임없이 자신을 표현하고, 그것을 남기고자 한다.

"역사는 기록 없이는 생각할 수 없다."

역사 이전의 선사시대에는 목소리로, 몸동작으로, 그림 등으로 남기려고 했다. 하지만 이것은 한계를 갖고 있었다. 이러한 한계를 극복하려는 인간의 열망이 문자를 탄생시켰다. 그리고 문자를 기록하기 위한 기록 매체의 발달을 가져왔다.

인간들은 살아가는 환경 속에서 기록 매체를 찾았다. 점토판, 짐승의 뼈, 양피지, 파피루스 등을 사용하다가 나무로 기록 매체를 대체하기도 했다. 그리고 새로운 소재의 종이를 발명했다. 이 종이가 발명됨으로써 역사가 본격적으로 기록되기 시작했다고 해도 과언이 아닐 것이다.

인류 역사상 가장 오래된 기록물 중 하나인 '갑골문甲骨文'이 있다. 갑골문은 기록 매체를 거북이의 배를 감싼 딱딱한 껍질이나 소의 어깨뼈를 이용했다. 갑골문은 중국의 은나라기원전 1766~기원전 1122경 때 점치는 데 쓰이던 상형문자였다.

이후 거북 껍질, 소뼈 등을 대체한 기록 매체는 '나무'였다. 즉, 간독簡牘이란 것으로, '간簡'은 대나무를 말하고, '독牘'은 나무를 쪼개서 만든 것으로 '나무판'을 뜻한다. 그래서 '죽간竹簡'이라고도 한다.

현재 우리가 사용하고 있는 '책冊'이란 용어의 기원은 '간독'을 끈으로 나란히 엮어서 만든 모양을 본뜬 것이다.

고대 이집트 나일 강 유역에는 어느 곳에서든 무성하게 자라는 파피루스 풀이 있었다. 이것을 이용하여 기록 매체로 사용했다. 종이의 원료인 이 파피루스papyrus가 영어 '페이퍼paper'의 어원이기도 하다.

그러나 파피루스는 찢어지기 쉽고 값은 비쌌다. 이것을 대신하여 양의 가죽을 가공한 '양피지羊皮紙'를 기록 매체로 사용하기도 했다. 양피지는 파피루스와 달리 튼튼하고 접기가 쉬웠다. 현재와 같은 책 모양이 된 것이다. 파피루스와 양피지는 함께 기록 매체로 사용되었다.

이후 정말로 환상적인 신소재 종이라는 기록 매체가 등장하면서부터 기록의 역사가 획기적으로 발전하는 계기가 되었다. 이 종이는 가볍고 부드럽고 매끄럽고, 빛깔도 좋았다. 이 당시 종이는 현재 우리가 사용하고 있는 화학 종이와는 달리 질기고 오래갔다.

중국의 4대 발명품으로 '종이, 나침반, 화약, 인쇄술'이 있다. 이 중에 종이는 인간의 지식과 정보의 전달에 결정적 기록 매체로서의 역할을 했던 것이다.

과학의 발달로 토머스 에디슨Thomas Edison, 1847~1931에 의해서 축음기가 발명되었다. 축음기는 말 그대로 소리를 저장하는 기록 매체이다. 또한, 사진기와 필름의 발명으로 세상의 모습을 기록하는 매체도 등장했다. 지금은 디지털카메라가 이를 대체했다.

무엇보다도 세상을 혁명적으로 바꾼 기록 매체는 바로 '컴퓨터'

이다. 수 세기 동안 책과 종이를 이용한 기록 저장의 역사는 컴퓨터의 등장으로 기록 매체가 획기적으로 발전하게 되었다.

지금은 종이와 컴퓨터, 스마트폰 등을 이용하여 기록을 한다. 종이에 직접 기록하는 일을 번거롭게 여긴다. 컴퓨터와 스마트폰의 편리성 때문이기도 하다. 메시지로 작성한 내용을 이미지와 함께 인터넷을 통하여 전 세계 어디든지 보낼 수 있고, 데이터로 관리할 수 있다.

앞으로 10년 뒤, 30년 뒤에는 과연 어떤 기록 매체가 등장할 것인가?

인류는 기록 저장 매체가 없었다면 현재의 문명은 불가능했을 것이다.

블로그를 활용한
디지털 기록에 도전

강원도 인제와 양구에서 3년간 함께 군 복무했던 후배를 만났다. 무척 반가웠다. 모처럼 만난 저녁 식사 자리는 1990년대 중반으로 돌아가 그 당시를 기억하면서 추억의 시간을 가졌다. 모임이 끝나고 각자 집으로 돌아갈 때 후배 한 명이 이렇게 말했다.

"선배님, 발트만으로 놀러오세요."

내가 잘못 들은 줄 알고 다시 물었다.

"발트만으로 놀러 오라니?"

그러자 빙그레 웃으면서 대답했다.

"제가 운영하는 블로그예요. 발트만으로 검색하시면, '발트만의 캠핑과 여행'이 나옵니다. 제가 어떻게 생활하고 있는지 알게 되실 겁니다. 그리고 언제 캠핑 한번 같이하시죠!"

▲ 인생기록연구소 블로그(www.liferecordcenter.com). 기록 칼럼, 대한민국 CEO, 삶의 이야기 등으로 구성.

그 후배는 블로그에 기록한 내용과 사진을 정리하여 『가족캠핑』이라는 책을 출판하기도 했다.

블로그는 자신의 관심사에 따라 자유롭게 웹 사이트에 기록하는 일지라고 할 수 있다. 블로그^{blog}는 '웹^{web}'의 영어 알파벳 'b'와 '항해일지 또는 여행일기'를 뜻하는 영어 단어 '로그^{log}'의 합성어다. 블로거blogger는 블로그를 운영하는 사람을 뜻한다.

블로그는 다양한 형식과 주제로 기록된다. 일기장 형식으로 매일매일 일상의 일들을 올리는 사람도 있고, 정치 문제에 대한 입장과 사진 자료를 모아 웹에 올리는 블로거도 있다. 문학, 자동차, IT 기술 등 특정 분야에 대한 정보까지 블로그를 통해 다루어지고 있다. 블로그는 사회적 매체social media이다. 1인 미디어 기능을 발휘하고 있다.

최근 페이스북이나 트위터 등 SNSsocial network service가 유행하고 있다. 하지만 SNS는 전파력이 빠른 대신 휘발성이 강한 짧은 글이나 링크 위주로 운영된다.

블로그를 기본으로 SNS를 활용한다면 더욱 많은 사람들과 소통하면서 정보를 교류할 수 있다. 동시에 SNS 사용 자체가 마이크로 블로그가 되는 것이다.

스마트폰에 익숙한 SNS 세대가 언제 어디서든지 자유롭게 기록하고 소통할 수 있는 방법으로 블로그를 활용한 기록에 도전하는 것이다.

블로그를 비공개로 설정해 놓고 일기 쓰기를 하는 방법도 있다. 일정 기간이 지나면 정기적으로 출력하여 일기장으로 만드는 것도 추천하고 싶다.

블로그는 일기처럼 날짜별로 구성되어 있어 일상의 일들을 쉽게 기록할 수 있다. 또한, 완벽하게 자료 관리가 가능하다. 저장

된 파일을 이메일로 보낼 수도 있다. 자신이 작성한 콘텐츠를 중심으로 동조자가 생기면 광범위한 의사소통을 형성할 수도 있다. 무엇보다 매력적인 것 중의 하나는 다른 사람이 만든 블로그에 이웃을 신청할 수도 있다는 것이다. 또한, 웹 브라우저상에서 실시간으로 콘텐츠의 내용을 볼 수도 있다.

스마트폰은 SNS 세대의 손에 항상 들려져 있다. 스마트폰과 떨어져서 생활한다는 것은 생각조차 할 수 없을 정도가 되었다. 그렇기 때문에 디지털 기록에 도전하는 것은 그리 어려운 일이 아니다. 마음만 먹으면 언제든지 할 수 있다.

오늘부터 자신만을 위한 디지털 기록을 만들어 보자! 글을 쓰는 것이 아니라, 타이핑하는 것이다.

기록하며
소통하는 SNS

　나의 페이스북 친구[페친] 중에서는 서른아홉 살의 미궁주혜란 닉네임을 가진 강주혜 작가가 있다. 그녀는 장애인이다. 20대 시절 건널목을 지나다 음주운전 차량에 치여 8미터나 날아가는 사고를 당해 뇌병변 장애를 겪었다. 그런데 재활 차원에서 시작한 일러스트가 직업이 되어 전시회도 몇 번 열고, 책도 낸 일러스트 작가이다. 그녀는 SNS 활동을 통해 자신의 일상을 기록한다. 매주 화요일 '미궁세상'이란 이름의 일러스트 작품을 올리고, 페친들과 소통하고 매주 목요일 '미궁TV'를 통해 영상으로 팬과 만난다. 이러한 일상의 기록들은 그녀를 매우 유명하게 만들었다. 각종 다큐멘터리 방송에도 출연하고, 한 지방자치단체에서는 그녀의 일러스트로 한 지역을 꾸미기도 했다. 모두 SNS를 통해 기록해 큰 성과로 이어진 것이다.

　이제 개인의 기록은 일기에만 국한되지 않는다. SNS도 개인이
자신의 일상을 기록하는 유용한 도구가 되었다. 36년간 일기에
단련된 필자 역시 군 제대 이후인 2016년부터 페이스북을 적극적
으로 하기 시작했다. 일상의 기록과 SNS 기록의 가장 큰 차이는
소통의 여부이다.

　필자의 인생기록연구소에서는 나눔봉사 차원에서 6·25 참전
용사분들의 자택을 방문해 연탄 배달 봉사를 한 적이 있다. 이를
일기에 적으면 해당 날의 기록으로 나만이 아는 기록일 뿐이다.
그런데 이를 페이스북에 올리면 많은 사람들이 보고, 공감하고
'좋아요'도 눌러주고, 댓글도 달아준다. 소통의 영역이 생기는 것
이다. 이를 본 어떤 분은 다음 봉사 때는 자신도 불러달라고 필
자에게 요청하기도 한다. 나만이 아는 기록에서 모두가 아는 기
록으로 바뀌면 더 나은 결과가 나타나는 것, 그것이 SNS 기록의
묘미라 할 것이다.

　평소 기록에 익숙한 나는 SNS 기록에 빠르게 적응한 편이다.
나의 페친은 개인 계정 최대 인원인 5,000명에 조금 못 미친다.
5,000명을 모두 채우면 긴급하게 페친을 맺을 사람을 놓치는 경
우도 있어 의도적으로 모두 채우지 않는다. 또한, 페이스북 페이

지도 만들었다. 인생기록연구소 이름의 페이지로 팬들을 모아 인생 기록을 테마로 소통하고 있다.

기록의 관점에서 시작한 SNS였는데, 최근 홍보 면에서 매우 유용하다는 사실을 느꼈다. 평소 파워 페친이라 불리는 SNS를 즐겨 하는 사람들의 모임에 나간 적이 있다. 이때 모임 중 한 멤버가 책을 내서 축하해 주면서 저자와 저술한 책을 들고 사진도 찍고, 포스팅을 했다. 그러고 나서 각자가 포스팅을 하자, 아주 재밌는 광경이 연출되었다. 모임 멤버가 서로 페친이다 보니 모임 멤버들의 페이스북에서는 그 저자와 책이 도배되다시피 된 것이다. 대단한 홍보 효과가 아닐 수 없다.

한 사람의 페친이 5,000명이라면 한 친구의 페친 5,000명, 또 다른 친구의 5,000명씩 추산을 해보면 SNS의 파급력을 무시하지 못하는 결과가 나오는 것이다.

SNS 기록을 적극적으로 활용해야 하는 이유가 여기에 있다. 단, SNS상에 기록할 때 주의해야 할 점이 있다. SNS는 철저하게 공적인 매체라는 것이다. 일부 사람들은 개인의 공간이라 생각하고 좀 가볍게 여겨 개인의 감정을 여과 없이 드러내기도 한다. 가령 욕설이나 지나친 정치색 등이 그러하다. 하지만 필자는 SNS를 공적인 영역에서 좀 접근해야 한다고 본다. 그것이 SNS 기록을 포스팅하는 지혜라고 여긴다. 개인의 기록은 SNS를 만나 소통이라는 하나의 덤을 얻게 되었다. 이를 잘 활용하는 몫은 당신에게 달려 있다.

디지털 메모의
기술을 활용하자

　지난 50년간 전 세계에서 가장 많이 팔린 책 1위는 성경책이다. 무려 39억 권이나 팔리면서 톱 10위 안의 다른 모든 책을 합한 것보다 많은 판매량을 기록했다. 책은 아니지만, 또 다른 베스트셀러가 있다. 회의할 때, 업무 추진 시, 메모가 필요할 때 항상 내 곁에 있는 '수첩'이 그것이다. 수첩은 기록하기 위해 가지고 다니는 것이다.

　펜과 종이가 수백 년간 메모 작성의 기본 도구였지만, 스마트폰과 노트북의 사용으로 디지털 방식의 메모 작성이 증가했다. 본인이 편안하다고 느끼는 것과 더 많은 가치를 얻을 수 있는 것에 따라서 '아날로그'와 '디지털' 중에서 선택하면 된다. 어떤 방법을 선택하든 중요한 것은 메모 작성이다.

'그림을 그리는 것'도 효과적인 메모 작성 방법이다. 마인드 매핑mind mapping이라고 알려진 방식을 통해 메모를 시각적으로 구성하고, 각 아이디어가 서로 어떻게 연관되어 있는지 한눈으로 볼 수 있게 해준다. 마인드 매핑은 페이지 중앙에 한 단어를 쓰고 동그라미를 그리는 것으로 시작한다. 이 단어 또는 문구가 핵심 개념이다. 그런 다음, 핵심 개념에서 나뭇가지가 뻗어 나가는 것처럼 선을 그려 관련 아이디어나 문구를 추가한다. 이때 다양한 색상을 사용하여 아이디어를 구분하면 더욱 효과적이다. 그림 솜씨와 상관없이 매우 큰 효과를 얻을 수 있는 메모 작성 방법이다.

애플리케이션을 활용하는 방법도 있다. 태블릿 PC에 메모하기를 선호하는 경우 '컬러노트colornote, 에버노트evernote, 노트패드notepad' 메모장 등을 활용하면 효과적으로 메모할 수가 있다.

통상 회의 중에는 듣고, 쓰고, 참여하기를 동시에 하기가 쉽지 않다. 따라서 회의 후에 추가 메모를 작성할 시간을 갖는 것이 바람직하다. 이 시간을 메모 정리뿐만 아니라 자유롭게 쓰면서 모든 아이디어를 작성하는 기회로 만들면 금상첨화이다.

메모 작성이 생산성과 창의력으로 직결되는 것은 당연한 일이다. 메모 작성 기술에 약간의 노력과 시간을 투자하면 곧바로 효과를 얻을 수 있다. 디지털 메모는 이를 더 편리하게 만들어 준다.

수첩이나 메모장은 어디까지나 도구에 불과하다. 나에게 가장 적합한 메모의 기술을 찾아내서 제대로 활용하느냐가 가장 중요한 일이다. 때에 따라서는 손바닥이나 자신의 명함에 메모하는 것도 전혀 부끄러운 일이 아니다.

기록과 기억은 분명하게 다르다. '기록'은 메모나 노트에 정보를 기록하여 보존할 수 있지만, '기억'은 정보를 머릿속에 넣어 두는 것으로 보존이 불가능하다.

독일의 심리학자 헤르만 에빙하우스Hermann Ebbinghaus, 1850~1909는 16년간 기억을 연구하여 '망각곡선'이라는 도표를 만들었다. 사람이 어떤 것을 기억하게 된 경우 처음에는 그 내용을 100퍼센트 기억하지만, 시간이 지나면서 그 기억력이 약해지는 현상을 확실하게 볼 수 있다. 즉, 에빙하우스의 주장에 따르면, 기억된 지 10분 후부터 망각이 시작되며, 한 시간 뒤에는 50퍼센트를, 하루 뒤에는 70퍼센트를, 한 달 뒤에는 80퍼센트를 기억하지 못한다는 것이다.

하지만 메모를 하는 사람은 단 한 번의 기록으로 평생 동안 100퍼센트의 내용을 기억할 수 있는 결과를 얻을 수 있다.

앞으로 회의를 하거나, 다른 사람과 대화를 할 때는 자신만의 디지털 메모의 기술을 적용해 보자!

기록하는 인간

스마트 사회와
새로운 인간형

'모빌리티안^{mobilitian}'이란 말이 있다. mobile + ability + ~tian의 합성어인데, 모바일 환경을 자유자재로 다루는 스마트 사회의 새로운 인간형을 말한다. 스마트폰의 혁명과 SNS 위력이 아닐 수 없다.

미래학자들은 인터넷 혁명이 그랬듯이 향후 10년간 국민 생활, 경제, 정부 등 국가 전반에 혁명적인 변화가 올 것으로 내다보고 있다. 세계 각국과 기업들은 이미 '스마트'라는 인터넷 혁명에 주목하고 있다.

스마트 사회는 기술 자체의 혁신이 아닌 '사용자 경험^{user experience, UX}'에 초점을 맞춰 사회의 패러다임이 재편되고 있는 사회라고 할 수 있다.

18세기 중엽 영국에서 시작된 기술 혁신과 이에 수반하여 일어난 사회·경제 구조 변혁의 산업혁명이 20세기에는 컴퓨터와 인터넷을 기반으로 한 지식정보혁명인 제3차 산업혁명을 가져다주었다. 지금은 정보통신기술이 융합한 제4차 산업혁명의 시대가 도래했다. '제4의 물결'이라고 말한다.

농업기술을 기반을 둔 전통사회를 '제1의 물결농업사회', 산업기술을 기반으로 한 자본주의와 기계화된 대량생산의 '제2의 물결산업사회', 정보기술에 기반을 둔 다품종소량생산과 네트워크 조직의 '제3의 물결정보사회', 스마트 기술에 기반을 둔 창의적 인간 중심의 인본주의 사회 '제4의 물결스마트 사회'로 도래한 것이다.

스마트 사회에서는 어느 누구와도 실시간으로 통通할 수 있다. 소통의 주도권을 조직과 집단이 아닌 '개인'이 가지고 있다. 손안에 항상 켜져 있는 스마트폰은 언제라도 사람들과 연결된다. 또한, 시공간의 제약도 받지 않는다. 모바일 환경을 바탕으로 정치, 경제, 사회, 문화 등에 적극적이고 능동적으로 참여한다. 이러한 행동이 인간 삶의 전반적인 행동 양식을 바꿔놓게 되었다.

스마트 사회 속에서 모빌리티안으로 살아가고 있지만, 진정한 나를 찾기는 그리 쉽지 않다. 모바일 환경 속에서 각종 기록물들은 내가 평생 동안 읽어도 다 못 읽을 정도로 많은 정보를 제공해 준다. 그러다 보니 자연스럽게 다른 사람들이 작성한 기록물을 폭넓게 접하게 된다. 마음에 드는 각종 기록물들은 링크하여 자신의 SNS로 연결하기도 한다.

이제는 휘발성이 강한 말로 나를 표현하고 나타내기보다 문자와 사진으로 자신을 드러내는 것이 편리한 세상이 되었다. 오랫동안 기록물로 저장되는 것은 물론 실시간으로 전 세계에 전파된다. 다른 사람들이 봐주기를 바라보곤 한다. 스마트 사회일수록 기록의 중요성은 더욱 커진다.

유튜브는
영상 기록의 플랫폼

유튜브^{YouTube}가 완전히 대중화된 오늘날엔 의아하게 들리겠지만, 유튜브가 창업한 2005년 2월 이전까지 사람들이 인터넷에 동영상을 게시하고 공유할 수 있는 채널이 없었다. 유튜브 공동 창업자 가운데 한 명인 스티브 첸^{Steve Chen, 1978~} 은 "샌프란시스코의 한 파티에서 찍은 동영상을 참석자들과 공유할 방법이 없어서 동영상 사이트를 만들게 되었다."며 이 새로운 영상 플랫폼의 태동 배경을 설명한다.

유튜브 하면 떠오르는 사람이 한국 가수 싸이다. 2012년 7월 15일 공개된 싸이의 〈강남스타일〉 뮤직비디오는 유튜브에서 전 세계적으로 10억 뷰를 넘어서는 등 폭발적인 인기를 구가했다.

싸이의 히트에 이어 2NE1, 빅뱅, 소녀시대, 슈퍼주니어, 2PM, 원더걸스 등 국내 아이돌 가수들의 뮤직비디오가 유튜브를 통해 소개되면서 K-POP 열풍으로 전 세계인들의 이목을 사로잡기도 했다.

스마트폰을 이용해 손쉽게 영상 촬영을 하고, 이를 유튜브를 활용해 알리는 행위는 보편화된 일상이 되었다. 영상물 역시도 기록 가치 면에서 유용성이 크다. 과거 영화를 보러 극장에 가면 대한뉴스가 상영되었다. 한번은 1960년대 대한뉴스에서 한강을 조망한 영상을 보았는데, 서울 한강에서 수영복 차림을 하고 수영하는 사람들의 모습에서 지금의 한강과 참 격세지감을 느낀 바 있다.

한강을 기록한 영상물로 인해 1960년대의 서울 한강 풍경을 고스란히 알 수 있어서 느낌이 새로웠다. 앞으로 현재의 영상물이 수백 년이 지나도 보존될 수 있다면 그 역사적인 가치는 상당할 것이다.

개인 영상물의 창고가 유튜브이다. 개인 미디어의 하나로서 기능하는 유튜브는 '1인 방송'이라는 분야를 개척, 요즘 대세로 떠오르기도 한다. '악어 유튜브' '도티 TV' '양띵' '대정령 TV' 등은 개인 미디어로서 유튜브 방송을 통해 많게는 수십억 원에서 수억 원까지 매출을 올리는 등 유튜브 1인 방송국의 개별 수익은 상당한 것으로 알려졌다. 또한, 청소년층에게 큰 인기를 얻고 있다.

이러한 유튜브를 개인의 기록 관점에서 활용할 필요가 있다. 일기 쓰기가 기본적인 기록의 습관이라면 텍스트 디지털 기록인 SNS, 블로그 등은 2차적인 기록 습관, 영상은 3차의 기록 습관이라고 본다. 이 영상의 보관창고 겸 미디어적인 속성을 가진 것이 유튜브이다.

　필자 역시 기본과 2차 기록 습관은 몸에 뺐지만, 영상을 능수능란하게 다루지는 못한다. 하지만 영상의 중요성을 요즘 절감하고 있다. 새로운 영상 기록 문화를 이해하는 첫걸음, 유튜브와 친해지자.

디지털 세탁소,
디지털 장의사 세상이 온다

　최근 디지털 기록이 대세가 되면서 이에 대한 음지 보도를 접하게 된다. 이른바 디지털 세탁소, 디지털 장의사에 대한 이야기이다. '디지털 세탁소'는 개인이 원하지 않은 게시글, 사진, 동영상 등의 인터넷 기록을 없애주는 업체를 말한다. 나아가 '디지털 장의사'는 고인의 온라인 흔적을 찾아 삭제해 주는 일을 한다.

　이러한 디지털에 관한 새로운 용어가 등장하는 것은 인터넷과 SNS의 발달로 개인정보 침해 문제가 대두되기 때문이다. 실제로 한 번 올린 게시물은 개인이 혼자 감당할 수 없을 정도로 빠르게 확산되는 경향을 보인다.

　디지털 장의사가 하는 일은 크게 두 가지이다.

첫째, 디지털 장례로, 고인으로부터 개인정보를 받아 고인이 생전에 인터넷에 남긴 기록들을 모두 지운 후 그것들을 한곳에 모아 '디지털 추모관'을 만든다. 추모 페이지에는 가족들과 지인들만 접근해서 생전 고인의 기록들을 보고 고인을 추모한다.

둘째, 평판 관리를 해준다. 악성 댓글이나 루머에 시달리는 사람들로부터 의뢰를 받아 인터넷에 올라간 개인의 정보를 모두 지워주는 일을 한다. 한 디지털 장의사 업체는 악성 루머를 지워달라는 의뢰를 자주 받는다며 이 분야의 미래가 좋다고 밝혔다.

이러한 디지털 장의사 분야는 인터넷상의 정보가 넘쳐나는 이 사회에서 더욱 중요한 일이 될 전망이다. 이를 위한 사회적인 공감대나 제대로 된 연구와 입법 과정이 필요할 것으로 보인다.

디지털 세상은 실제 세상보다 훨씬 더 자극적이고 불편한 거짓말의 힘이 세다. 철없던 10대 시절 온라인에서 무분별하게 악플을 단 것이 취업에 문제가 되면서 삭제를 요청하는 사례가 늘고 있다. 특히, 여성들의 경우 과거에 올린 자신들의 사진을 삭제해 달라는 요구가 많다. 네트워크 모임에서 만난 Y 대표는 "요즘은 온라인상의 스펙도 중요하다."며 "신입사원을 뽑기 전 대부분의 회사들은 인터넷 검색을 통해 개인의 과거 이력을 살펴본다."고 했다. 혹시나 응시자 중에 회사에 반감이 있는 인물이 있는지 확인하기 위해서다.

기록하는 인간

실제로 인생기록연구소에는 젊은 연구원들이 많이 포진되어 있다. 이들 또한 디지털 기록을 많이 활용하는데, 가끔 페이스북 등 SNS에 올린 글로 인해서 갖가지 일에 얽매이기도 한다.

필자가 인생기록연구소를 설립한 이유 중의 하나도 디지털 세대와의 소통 능력을 더 향상시키는 데 있다. 건강한 디지털 기록 문화를 이끌어가는 것도 이 시대의 한 과제가 아닐까 싶다.

아날로그 시대의 기록은 보통 혼자만의 전유물이었다. 이는 주변 사람들에게 파급력이 약하다는 단점이 있었지만, 역으로 보면 누구에게도 피해를 주지 않는 장점도 있었다. 최근 디지털 기록은 남에게는 주는 영향도 크지만, 반대로 큰 피해를 줄 수도 있다. 따라서 디지털 평판은 기록 문화에 있어서도 중요한 영역이다. 디지털 기록과 디지털 평판에 지혜로운 안목을 기르자.

미리 예방하자! '디지털 평판 관리하는 방법'

1 : 꼭 필요한 SNS만 사용하기

2 : SNS에 게시글, 사진을 올릴 땐 공개 여부를 한 번 더 고민하고 친구 공개로 설정하기

3 : 위치 정보나 함께하는 친구를 태그하는 등 추가로 노출할 수 있는 정보 공개에 신중하기

4 : 카페, 사이트를 탈퇴할 때는 본인이 작성했던 게시글을 반드시 삭제하기

5 : 'e프라이버시 클린서비스(www.eprivacy.go.kr)'에서 잠자고 있던 회원 정보 삭제하기

6 : 스마트폰 분실로 개인 정보나 사진·동영상이 유출될 수도 있으므로 이를 대비해 잠금 암호와 데이터 백업하기

7 : PC의 사이트 검색 기록(열어본 페이지 목록, 캐시, 저장된 암호)을 수시로 삭제하고, 필요 없는 저장 파일 정리하기

출처: 강정미, 「내 흑역사 지워주오······ 붐비는 '디지털 세탁소'」, 『조선일보』, 2016년 9월 28일.

기록하는 인간

기록이 모여
빅데이터를 만든다

필자가 만든 인생기록연구소의 파트너사인 1인1책 김준호 대표가 있다. 그는 평소 기록, 그중에서도 디지털 기록이나 관리에 능한 편이다. 한번은 함께 한 행사장에 가서 전시회를 보고 있는데, 며칠 전 필자가 보낸 방대한 분량의 텍스트와 사진 이미지에 관한 이야기가 나왔다. 그는 스마트폰을 꺼내더니 드롭박스dropbox라는 클라우드 서비스를 이용해 그 자료를 내게 보여주었다. 우리는 전혀 불편함 없이 자료를 찾고, 프로젝트에 대해 의논할 수 있었다.

기록은 아날로그 방식만 있는 것이 아니다. 최근에는 디지털 기록이 대세이다. 디지털 기록은 단순한 텍스트 기록에서부터,

사진과 파일, 동영상까지 다양한 형태로 보관할 수 있다.

앞서 말한 김 대표의 경우 클라우드 저장으로 공간에 상관없이 업무나 일상에서 편리하게 자료를 보관·관리하고 활용할 수 있다. 이러한 클라우드 서비스로는 드롭박스의 '드롭박스', 구글의 '구글드라이브', 네이버의 'N드라이브' 등이 있다.

더 나아가 최근에는 클라우드에 기반을 둔 메모 애플리케이션앱도 등장했다. 이중 대표적인 것은 글로벌 1위 메모 애플리케이션인 '에버노트evernote'이다. 에버노트는 '모든 업무를 한 곳에서'라는 캐치프레이즈를 내걸고 기록 혁명의 도구로 나서고 있다.

에버노트는 2008년 출시된 메모용 스마트폰 애플리케이션이다. 구글 크롬, 아이폰, 안드로이드, 윈도우 폰, 윈도우 같은 다양한 플랫폼에서 실행된다. 한 기기에서 메모를 작성할 경우, 다른 플랫폼끼리 메모 동기화가 가능하다. 즉, 언제, 어느 기기에서도 기록 관리가 쉽다.

이러한 디지털 기록은 빅데이터로 연결된다. 빅데이터란 디지털 환경에서 생성되는 데이터로 그 규모가 방대하고, 생성 주기도 짧고, 형태도 수치 데이터뿐 아니라 문자와 영상 데이터를 포함하는 대규모 데이터를 말한다. 빅데이터 환경은 과거에 비해 데이터의 양이 폭증했다는 점과 함께 데이터의 종류도 다양해져 사람들의 행동은 물론 위치 정보와 SNS를 통해 생각과 의견까지 분석하고 예측할 수 있다.

상상해 보자. 당신이 기록하는 에버노트의 기록이나 SNS의 다양한 의견들이 빅데이터로 모여 이를 다시 활용하는 시대가 된 것이다. 그만큼 디지털 기록의 파급력은 강하다.

빅데이터를 활용하면 자신의 업무 영역에서도 성과를 낼 수 있다. 이제 머리 안의 지식만이 능사가 아니라 개인이 가진 방대한 자료를 얼마나 빠르게 도출해 놓고 종합해서 의미 있는 결과물로 내놓느냐가 중요한 시기가 되었다. 자신만의 빅데이터를 만들어 관리하고 편집하는 새로운 창의물을 만드는 시대가 된 것이다.

기록에서 멈추면 안 된다. 기록의 결과물을 빅데이터로 분석, 이를 재해석해 내는 능력이 필요한 사회이다.

NOTE

Homo S

PART 03

업무 능력 향상을 위해서 기록해라

재떨이를 없애고
메모하는 지휘관이 된 이유

2004년 2월, 팔당댐 근처에 있는 부대로 보직을 받아 임무를 수행하기 위해 첫 출근하는 날이었다. 책상이 깔끔하게 정리되어 있었다. 책상 위에 놓인 물건 중 재떨이가 한눈에 들어왔다. 고급스러운 천을 밑받침으로 한 재떨이가 책상 정중앙에 귀중한 자태를 뽐내고 있는 게 아닌가.

그 모습을 보고 근무병을 불렀다.

"앞으로 책상 위에 재떨이를 놓지 마라. 오늘부터 내 책상 위에는 재떨이 대신 메모지와 포스트잇post-it을 갖다놓기를 바란다."

이 말을 듣고 근무병의 얼굴이 갑자기 환하게 밝아졌다. 하루에도 몇 번씩 재떨이 비우는 일을 했는데, 이제는 재떨이 비우는 일이 사라지게 되어서 기뻤던 것이다. 그뿐만 아니라 지휘관실의

▲ 자주포의 전술적 운용에 대한 시범식 교육.

자욱한 담배 연기로 인한 고통도 사라지게 되었으니 당연히 기뻤으리라.

부대원들과 면담을 할 때면 나는 항상 메모지를 놓고서 시작한다. 메모지는 두 종류이다.

하나는 면담을 통하여 부대원들이 이야기하는 내용을 기록하기 위해서이다. 기록해 놓지 않으면 면담했을 때 어떤 이야기를 했는지 잊어버리는 일이 많기 때문이다. 그렇게 되면 부대원들과 약속한 내용을 지키지 못하게 된다. 부대원들과의 면담 횟수를 부대 관리의 행정적 성과로만 처리하는 지휘관들이 의외로 많다. 부대원들의 이야기를 대충 흘려넘기는 지휘관이 되어서는 절대

기록하는 인간

로 안 된다. 작은 약속과 신뢰가 깨지면 전시에 어떻게 부대를 지휘할 수 있겠는가. 군대는 평시를 위한 행정적 부대가 아니다.

또 하나의 메모지는 면담하는 부대원들에게 내가 이야기하고자 하는 내용을 기록한 메모지이다. 즉흥적으로 부대원들과 허심탄회하게 대화하는 것도 좋지만, 면담의 핵심 내용과 알려주어야 할 사항 등을 메모하여 이야기하는 것도 매우 중요하다.

전장戰場에서 어떻게 자주포自走砲를 효과적으로 운용할 수 있을까에 대해 연구할 때의 일이다. 현재 대한민국 육군에서 운용하는 화포火砲는 통상 두 종류로 분류된다. 차량으로 견인하여 운용하는 화포를 '견인포'라 하고, 전차와 비슷하지만 무한궤도無限軌道와 기관機關을 장착하여 뛰어난 기동력을 보여주는 화포를 '자주포'라 한다.

자주포의 전술적 운용 방법을 연구할 때 머릿속에서 좋은 아이디어가 떠오르면 즉시 메모지에 메모해 놓았다. 이렇게 메모해 놓은 메모지를 바탕으로 자주포 운용에 대한 전술적 개념을 완성했다. 이 개념을 완성하는 데 꼬박 2년이란 시간이 소요되었다. 1년 동안은 자료도 수집하고, 깊은 산속 골짜기뿐만 아니라 앞이 막힘 없이 탁 트여 시원하게 열려 있는 개활지開豁地, 도심지역에서도 자주포를 운용하면서 각종 데이터를 축적해 나갔다. 그리고 '자주포 전술적 운용'에 대한 연구 결과를 육군 전체에 전파하기 위해 자주포부대 지휘관과 실무자를 초청하여 시범식 교육도 했다. 성과는 생각했던 것보다 훨씬 좋았다. 부대원들과 함께 연구하고 노력했던 결과가 군 전투력 발전에 기여했다는 자긍심이 부대의 사기를 높여 주었다.

시범식 교육 이후 1년 동안은 여름과 겨울철의 각종 전술훈련과 교육 훈련을 통하여 자주포의 전술적 운용에 대한 검증과 보완할 사항을 찾아내서 지속적으로 보완했다. 일반적으로 군에서는 시범식 교육이 끝나고 나면 그 자체로 종결되는 경우가 허다하다. 지속적으로 발전시키는 경우는 매우 드물다. 지휘관이 교체되거나 더 이상 진급을 위해 필요하지 않기 때문이다. 하지만 나는 최종적으로 전술적 예규를 완성했다. 그 힘의 원천은 메모와 기록의 힘이었다. 그리고 이러한 내용이 인정을 받는 바람에 교육사령부로부터 교리 발전에 대한 표창과 상금도 받았다. 상금으로는 부대원들과 함께 회식도 했다.

이때부터 나는 부대 간부들로부터 '메모하는 지휘관'이란 별호를 얻었다. 지금도 책상에 앉게 되면 제일 먼저 메모지와 포스트잇을 올려놓는다.

메모하는 습관을 길러보자. 놀라운 삶의 결과를 가져다줄 것이다. 삶의 현장에서 최고의 전문가가 될 뿐만 아니라 무한경쟁 사회에서 살아남을 수 있는 힘의 원천을 제공해 줄 것이다.

기록 때문에 합의금
1억 원을 주지 않아도 되었다

군 복무를 마치는 용사^{병사}는 전역하는 날 지휘관에게 전역 신고를 한다. 전역 전날에는 함께 생활했던 내무실 후임들에게 전역 신고에 가름하는 전역 행사가 있다. 그런데 전역 행사가 악습으로 전해져 내려가는 경우가 종종 있다. 그중에 '전역빵'이라는 것이 2011년도에도 일부 잔존했었다. 전역빵은 전역하는 병사에게 모포를 뒤집어씌우고 장난기 어린 모습으로 때리거나, 목욕탕 물속에 집어넣는 형태로 종종 이루어진다. 이러한 행사를 치르면서 그동안 쌓였던 감정을 씻어내는 의식으로 행해지곤 했다.

내일이면 전역할 병사 한 명이 있었다. 평소에 후임 병사들이 이 선임 병사를 몹시 싫어했다. 그는 자기 자신만 아는 이기주의자였다. 후임 병사들을 괴롭히는 것을 낙으로 삼는 선임자였다. 그러니 당연히 그가 더욱 빨리 전역하기만을 모두가 학수고대했다.

이날따라 후임 병사들 중에서도 고참으로 분류되는 병장들이 기다렸다는 듯이 전역빵 행사에 적극적으로 가담했다. 통상 전역빵 행사에 병장들이 직접적으로 가담하는 경우는 매우 드물다. 그런데 세 명의 병장이 감정을 실어서 전역하는 선임자를 구타했다. 당연히 전역병의 얼굴에 멍이 들었다. 그렇지만 모두가 화해하고 그다음 날 그는 전역을 했다.

부대원들이 싫어하던 선임자가 전역하고 나니 내무실에는 평화가 찾아왔다. 그런데 며칠 지나지 않아서 날벼락 같은 일이 벌어졌다. 전역했던 병사의 부모로부터 연락이 온 것이었다.

"우리 아들이 전역하기 전날 세 명의 병사들로부터 집단 폭행을 당했다. 합의금 1억 원을 주지 않으면 고소하겠다."

본부중대장으로부터 보고를 받았다. 즉각 어떻게 된 것인가. 참모들을 통해 확인에 들어갔다. 전역 전날 전역빵 행사를 한 것이 확인되었다. 이번 기회에 악습을 근절하고 부대의 기강을 확립하기로 마음먹었다.

이날 당직 근무자였던 본부중대 행정보급관을 부대 징계위원회에 회부했다. 구타에 가담한 세 명의 병사에게는 합의금 1억 원을 요구한 전역한 병사 부모의 의구심을 완전히 해소하기 위해 헌병대에 수사를 의뢰했다.

수사 결과 구타한 것이 인정되어, 징계위원회 징계 후 헌병대에 입창 조치했다. 문제는 이것으로 종결되지 않았다는 것이다. 합의금 1억 원을 해결하기 위해 전역한 병사와 통화를 지속적으로 시도했지만, 전역한 병사의 부모는 아들과 통화할 수 있도록 기회를 주지 않았다. 그래서 전역한 병사가 거주하는 지역 헌병대와 협조하여 접촉도 시도했지만, 그것마저도 이루어지지 않았다.

집단 폭행을 당했다고 하는 당사자의 상태가 가장 궁금했는데 알 수가 없었던 것이다. 전역한 병사의 부모는 "합의금 1억을 주지 않으면 고소하겠다."는 말만 되풀이했다. 폭행을 한 병사의 부모, 헌병대, 부대의 간부들이 모두 나서서 합당한 합의금을 산출해 합의하려고 한 달 이상 노력했지만 합의에 도달하지 못했다. 이렇게 사건이 진행되다 보니, 폭행을 한 병사의 부모들의 인내심도 한계에 다다르게 되었다. 결국, 세 명의 병사 부모들 중 두 명의 병사 부모들은 합의하지 않겠다고 선언해 버렸다.

피해자의 부모는 합의금 요구만 강력하게 할 뿐, 아들과 함께 군대 생활했던 전우들은 안중에도 없었다. 아들의 상태를 보여주지도 않으니 합의가 이루어질 수 없는 것은 당연한 일이었다.

시간이 제법 흘렀다. 합의가 이루어졌다. 합의금 1억을 요구하던 부모가 몇백만 원에서 합의를 한 것이다. 왜냐하면, 아들이 입원할 정도도 아니고, 특별한 장애가 발생한 것도 아니다 보니 서둘러서 합의를 한 것이다. 가해자 부모들은 몇백만 원의 합의금도 부적절한 합의금이라는 것을 잘 알면서도 합의해 주었다. 군 생활하는 자식이 피해를 볼까 봐서였다. 또한, 전역 후 혹시 취직하는 데 불이익을 당하지나 않을까 염려해서였다.

이 사건으로 인해 본부중대에서 전역빵은 사라졌다. 그러나 본부중대 행정보급관 김 상사는 징계위원회에서 징계를 받고 다른 중대로 보직 변경되어 전출을 갔다. 그리고 가해자인 세 명의 병사는 헌병대 영창에 2주간 입창 조치되었다. 그리고 2주간 더 군대 생활을 하고 무사히 전역했다.

사전에 이런 일이 발생하지 않도록 예방했어야 했는데 그렇지 못한 점이 못내 아쉬웠다. 내게 더 큰 책임이 있는 것이다. 군대 생활을 잘하는 비결은 다른 것이 아니다. 혹독한 군사훈련이 아니다. 바로 '인간관계'를 어떻게 하느냐가 제일 중요하다.

피해자 부모가 서둘러 합의를 하게 된 것은 전역한 병사가 군 생활을 어떻게 했는지 자세히 알 수 있는 기록들이 있었기 때문이다. 첫 번째는 본부중대장이 전역한 병사를 관찰하고, 면담했던 내용이 아주 자세하게 병영생활기록부에 기록되어 있었다. 그는 군 생활을 하는 동안 후임자를 상습적으로 괴롭히고 불성실하게 근무를 했던 것이다.

두 번째는 군 헌병대에서 작성한 사건조사 보고서가 있었다.

기록하는 인간

가해자와 목격자들을 대상으로 조사한 내용을 아주 자세하게 기술하고 있었던 것이다. 구타한 것은 사실이지만 치명적인 부상을 입히지 않았다고 말이다. 전역병은 그 날 전역빵 행사를 하면서 부대의 모든 전우들과 화해까지 했던 것이다. 생활하는 데는 전혀 지장이 없었던 것이다.

세 번째는 본부중대 전원을 대상으로 설문조사를 한 내용이 있었다. 모두가 하나같이 전역한 병사는 맞아도 싸다는 내용이 기록되어 있었고, 가해자 세 명에 대해서는 선처를 요구하는 내용이었다.

위 세 가지 내용 중에서도 피해자 부모는 첫 번째와 두 번째 내용을 확인할 때까지는 별로 동요가 없었다. 그런데 세 번째 내용을 확인하고는 얼굴 표정이 굳어지면서 아무런 말이 없었다.

피해자의 부모가 합의금 1억 원을 더 이상 요구하지 않고 서둘러 몇백만 원으로 합의한 결정적인 이유는 다양한 형태의 기록이 있었기 때문이다.

효율을 위한
기록 관리의 중요성

『성공을 바인딩하라』를 쓴 3P자기경영연구소 강규형 대표는 기업의 기록 업무 분야에서 큰 성과를 낸 사람이다. 그는 1989년 이랜드 기업에 입사하면서 바인더를 접했다. 1992년 입사 3년 차 시절 매출 기준 400억 원이 넘는 의류의 생산 관리 책임을 맡고, 사내강사, 신입사원 면접, 승진 심사 등 업무 외적인 행사까지 도맡으며 어떻게 하면 맡겨진 업무를 주어진 시간 내에 탁월하게 처리하고 성과를 낼 것인가를 고민하다가 바인더라는 시스템을 활용했다. 그는 이랜드 그룹 푸마 본부장으로서 3년 연속 탁월한 성과를 기록했다. 이러한 성과는 업무를 하나하나 기록한 바인더의 힘이었다.

이랜드 기업은 독서경영으로 성과를 낸 대표적인 기업으로 꼽힌다. 이랜드 출신의 강규형 대표는 독서와 더불어 '바인더'라는 업무 노트를 창의적으로 만들어 수많은 업무 내용을 정리하고 체계화시켰다. 이는 업무의 효율성에 반영되었음은 물론이다.

필자 역시 인생기록연구소를 운영하면서 다양한 업무에 직면한다. 이때 나에게 가장 힘이 되는 것은 업무 노트이다. 회의는 물론 다양하게 주어지는 해야 할 목록을 기록하고, 실제 업무를 추진하는 데 필요한 노트이다.

이랜드 출신의 F 씨에게서 이랜드의 바인더 쓰기에 대해서 들은 바 있다. F에 따르면, 이랜드에서는 주간기록용 및 기타 양식지가 삽입된 바인더를 지급한단다. 이 바인더를 토대로 진급 시험에 반영한다니 직원 입장에서는 당연히 소홀히 할 수 없단다. 평소의 꼼꼼한 쓰기와 관리가 이루어지다 보니, 전체 회사의 생산량과 성과가 크게 상승하는 요인이 된다.

이러한 지식경영을 통해 이랜드는 1980년 조그마한 구멍가게에서 2013년 말 기준 10조 4,000억 원의 매출을 기록했으니, 실로 엄청난 성장을 이룩했다. 그 핵심은 바인더 쓰기와 독서 등 지식경영이다.

한국여성발명협회 조은경 회장과 점심을 먹으면서 기업의 효율을 위한 기록 관리에 관한 주제로 이야기를 나눈 적이 있다. 조

회장은 일본의 전자기기, 세라믹 전문 기업인 교세라의 기록 문화의 우수성을 이야기했다.

보통 국내 기업의 홍보관은 왠지 잘 짜인 홍보물로 가득 채워져 있어, 교세라 역시 홍보관이 그럴 것이라고 생각했는데, 이 기업은 설립 초기부터 보관해 온 계약서, 초창기 메모 등 말 그대로 기업의 역사와 기록이 한눈에 들어오는 내용으로 홍보관이 채워져 참 인상 깊었다고 했다. 이러한 기업의 역사와 기록을 통해서 조 회장은 교세라가 만든 제품에 신뢰를 느꼈다고 했다. 회사의 거래와 갖가지 상품 개발 등을 담은 내용을 기록하고 이를 관리하는 것, 일본 기업 교세라가 갖고 있는 기록 마인드와 철학이 그려지는 순간이었다.

아이폰을 만들어 전 세계에 스마트폰 혁명을 가져온 애플의 스티브 잡스도 지독한 메모광으로 유명하다. 사물을 관찰하고 기록하는 습관이 기업 애플을 전 세계적으로 만들었고, 문명마저도 변화시키는 큰일을 해낸 것이다.

기업의 경쟁력은 무엇보다 중요하다. 최근 국내 기업들 역시 대내외 주변 환경의 악화로 큰 어려움을 겪고 있다. 이때 기업의 성장동력을 '기록'에서 찾았으면 한다. 기록을 바탕으로 한 지식경영만이 이 난국을 타개할 대안이 아닌가 생각한다.

기록하는 인간

기록물
관리 관행을 바꾸자

공직 생활이나 회사에 근무할 때 엄청난 스트레스를 주는 말이 있다.

"다음 주부터 보안감사가 시작됩니다. 개인 신상에 해가 가지 않도록 각별히 주의하기 바랍니다!"

이 말을 듣는 순간부터 업무가 마비되곤 한다. 내가 보유하고 있는 기록물 중에 보안에 위배되는 것이 있지 않을까 책상 서랍, 수첩, 보고자료, 보고를 위해 가지고 있던 참고자료 등을 일일이 확인하게 된다. 특히, 비밀 자료 생산 시 참고가 되었던 자료를 가지고 있지는 않은지 대대적인 '분서갱유'와 같은 행동이 이루어진다. 조금이라도 꺼림칙한 기록물들이 있으면 가차 없이 불태우거나 세절한다. 심지어는 땅을 파서 묻어버리기까지 한다.

1991년 중대장^{포대장} 임무를 수행할 때의 일이다.

어느 날 이등병 한 명이 내무실 한구석에 훌쩍이면서 울고 있었다. 뭔가 이상하다는 생각이 들어서 조용히 다가가 물었다.

"김 이병, 어디 몸이 아픈가?"

그러자 그는 자리에서 벌떡 일어나면서 이렇게 대답했다.

"이병 김OO, 아닙니다!"

"아니긴 뭐가 아니야. 중대장에게 이야기해 봐. 내가 조치해 줄 수 있는 거라면 네 이야기를 들어줄게."

잠시 머뭇거리더니 자초지종을 털어놓았다.

"……, 제가 제일 좋아하는 애인으로부터 지금까지 일주일에 한 통 이상씩 편지를 꼬박꼬박 받아왔습니다. 저 또한 시간 나는 대로 답장을 열심히 했습니다. 그런데 소대장님이 제 관물대를 뒤지더니 애인의 편지를 꺼냈습니다. 그리고는 편지를 몇 장 읽어 보더니 보안에 위배되는 내용이 있다면서 제가 가장 소중히 여기는 편지들을 몽땅 가져가서 불살라 버렸습니다."

그의 말을 듣고 소대장을 불러서 보안에 위배되는 내용이 뭔가를 확인했다. 소대장은 다음과 같은 사항이 기록되어 있어서 편지를 회수하여 소각했다고 했다.

"자기야, 군대 생활 힘들지? 오늘은 어디서 훈련했어? ……"

"면회 갈려고 하는데 부대 위치 좀 알려줘……"

"야간 경계 근무할 때 내 생각하면 덜 피곤하지? ……"

"내무반 인원은 몇 명이야? ……"

위와 같은 내용 때문에 군 생활에 대한 위로와 희망이 듬뿍 담긴 애절한 사랑의 편지가 한순간에 연기와 함께 절망으로 변해 버린 것이다. 소중한 기록이 사라진 것이다.

물론 현재 군대에서 개인 편지를 검열하는 일은 없다. 이 사건 이후 나는 개인 편지를 검열하지 않도록 했다. 대신에 편지를 작성할 때 보안 위배 사항은 기록하지 않도록 주기적으로 알려주는 데 노력을 아끼지 않았다.

1990년대 초반까지는 부모님과 통화하기 위해서는 중대장실에 설치된 일반전화가 유일한 통신 수단이었다. 그래서 중대원들이 전입해 오면 이 전화기로 부모님과 통화할 수 있도록 전화 연결을 해주곤 했다.

▲ 25년 전 강원도 인제군 천도리 응골 계곡에서 부대원들과 함께.

1990년대 중반 접어들면서부터는 공중전화가 설치되기 시작했다. 공중전화 한 대당 100~150명이 사용했었다. 현재는 인터넷 화상통화, 스마트폰, 공중전화 등 아주 편리하게 사용할 수 있게 되었다.

반면에 20~30년 전에는 연애편지 또는 부모님께 편지를 보내기 위해 옆 전우가 잠자는 데 방해하지 않으려고 모포를 뒤집어 쓰고 플래시 불빛으로 편지를 쓰는 모습을 자주 보곤 했다. 지금은 이런 모습을 찾아보기 힘들다.

기록하는 인간

지금으로부터 10여 년 전 서울에서 근무할 때의 일이다.

부대 전입과 동시에 전임자로부터 인계인수를 받았다. 모든 업무를 인수인계한 후 나에게 USB 한 개를 넌지시 건네주면서 이렇게 말했다.

"이것이 제일 중요한 기록물입니다. 보안에 각별히 유의해야 하오!"

직감적으로 뭔지 눈치챘다. 정책 부서에서 근무할 때 전임자로부터 이러한 자료를 얼마나 많이 받느냐가 임무를 수행하는데 결정적인 역할을 했다. 나만 이렇게 인수인계받는 것은 아니었다. 모든 인원이 이렇게 인수인계하는 것이 관례화되었고, 상급자들도 당연히 그렇게 하는 것으로 알고 있었다. 업무를 수행할 때 공공연하게 이런 말을 한다.

"전임자로부터 받은 자료가 있잖아!"

보안감사를 받을 때 나는 전임자가 제공해 준 자료에 내가 업무를 수행하면서 추가적으로 축적된 자료가 포함되어 용량이 증가된 USB를 정복 안주머니 깊숙한 곳에 숨겼다. 원래 보안과 관련되는 모든 매체 및 기록물 등은 잠금장치가 된 비밀 보관 용기에 보관해야 한다. 하지만 보안감사 때 이곳을 점검받기 때문에 그곳에 보관할 수 없기 때문이다.

이 기록물들을 양성화하려고 해도 과거 수년 동안 작성된 기록물들이 음성적 비밀문서로 관리되어 왔기 때문에 드러낼 수가 없는 것이다. 만약 이것이 발각되면 자기 자신뿐만 아니라 전임자, 전임자의 전임자 등 꼬리에 꼬리를 물고 관련자 모두에게 개인 신상에 불이익을 주기 때문이다.

하지만 이렇게 기록물을 생산하고 관리하는 것은 바람직하지 못하다. 조직의 책임자가 지금 당장이라도 이러한 모순을 해결해야 한다. 그러나 자기 자신에게는 관대하게 보안 규정을 적용하면서 부하들에게는 가혹하게 잣대를 들이대는 이들이 많다. 사실 이것은 자기에게 피해가 오지 않도록 하기 위해서가 아닌가?

이러한 기록물 관리 문화가 사라진다면 대한민국은 현재보다 훨씬 더 다양한 정보 생산과 경쟁력을 가질 수 있다. 또한, 매일매일 보안 업무 위반 행동을 할 수밖에 없는 업무 담당자들의 스트레스도 확 날려버릴 수 있지 않겠는가?

강릉 지역
무장공비 침투 사건과 기록

1996년 9월 18일, 일기장 기록 내용이다.

> "새벽 5시 45분경 '진돗개'[1] 발령으로 비상 소집되었다. 정
> 보과장 직책을 수행 중에 있었으며, 부대 출근과 동시에 상
> 황을 파악했다. 전군 경계태세 발령과 합동참모본부 위기
> 조치반이 소집되었다."

이날 새벽 1시 30분경 강원도 강릉시 강동면 안인진리 해변에
서 소형 잠수함이 좌초되어 있는 것을 택시 기사가 발견하고 경
찰서에 신고를 했다.

• • •

1) 진돗개는 적의 국지적 침투 및 도발로 민·관·군 통합방위작전을 하기 위한 경계 및 전투
태세를 가리키는 말이다.

"바다 위에 소형 잠수함이 떠 있고, 그 안에서 섬광이 번뜩이고 비명이 들립니다."

신고를 받은 경찰과 택시 기사가 해안 경계를 담당하고 있는 해안초소에 잠수함 발견 사실을 보고하면서부터 시작된 '강릉 지역 무장공비 침투 사건'은 11월 5일 작전이 종료될 때까지 49일간 소탕작전을 벌였다.

침투 무장공비 25명 중 13명이 사살되었고, 11명은 피살_{함께 침투한 공비에 의한 처형}, 1명은 생포되었다. 아군의 피해는 전사 13명_{군인 11명, 경찰 1명, 예비군 1명}, 부상 27명이었다. 민간인 피해도 4명이나 있었다.

내가 근무하던 부대는 강원도 양양군 56번 도로 상 '여내골'이라는 지역으로 출동하여 '강릉 지역 무장공비 소탕작전'에 참가했다. 강원도 도민들은 9월 27일 추석을 앞두고 일어난 무장공비 침투 사건으로 생활에 어려움을 겪었다. 언론 보도에 의하면, 민간인 피해가 2,500억 원 이상 달하는 것으로 추산되었다.

태백산맥의 가을 날씨는 주간과 야간의 일교차가 매우 극심했다. 한낮에는 섭씨 4~15도의 분포를 보이다가, 해가 지고 나면 기온이 뚝 떨어져서 속옷과 방한복을 입어야만 작전을 펼 수 있을 정도였다. 10월 말에는 녹음으로 우거졌던 나뭇잎이 모두 떨어졌고, 기온은 섭씨 영하 3~5도로 동계 작전으로 돌입되었다.

비라도 내리는 날에는 추위와의 싸움은 더 혹독하게 피부로 와 닿았다.

소탕작전은 매일 동일한 형태로 반복되었다. 낮에는 수색정찰 위주로 실시하고, 밤에는 매복작전을 펼쳤다. 작전 기간 중 큰 교훈을 하나 얻었다. 정보과장으로서 1개 분대 규모[10명]를 인솔하여 부정기적으로 수색정찰을 실시하곤 했다.

▲ 강릉 지역 무장공비 소탕작전에 참여한 필자(지휘통제실에서 정보 작전 임무 수행).

작전 투입 후 처음으로 수색정찰을 실시하는 날이었다. 산악 지역의 독립가옥과 의심 지역을 수색정찰하면서 이동 중에 있었는데, 앞에서 뭔가 부스럭거리면서 움직이는 모습을 포착했다. 그 순간 모두가 주변의 지형지물을 이용하여 조건반사적으로 적의 사격으로부터 자신의 몸을 보호할 수 있도록 하는 게 아닌가. 나는 이렇게 신속하게 움직이는 것을 본 적이 없었다.

이런 상황이었지만 나는 평상시 훈련한 대로 의심되는 곳에 대한 수색정찰 지시를 내렸다. 그런데 아무도 움직이지 않는 것이 아닌가. 하지만 이러면 안 되겠다는 생각이 들었다. 그래서 내가 제일 먼저 의심되는 지역으로 나아갔다. 그랬더니 내 옆을 항상 따라다니는 무전병이 그 뒤를 따랐고, 수색정찰 소대장 조와 부소대장 조가 그 뒤를 이어 의심 지역 수색정찰을 실시했다. 확인 결과 다행히 무장공비가 아니라 산짐승이었다.

전투 상황에서 간부의 솔선수범하는 지휘가 얼마나 중요한지 이 일을 통해서 깨달았다. 군 생활하면서 이때의 일을 절대 잊지 않고 솔선수범하는 간부가 되도록 노력했다.

작전이 계속 진행되고 있던, 10월 19일 오후 5시경 가족이 면회를 왔다. 상급 부대의 허락을 받고 도대체 어떻게 지내고 있는지 너무나 궁금해서 아내가 어린 두 아들과 함께 남편을 찾아온 것이었다. 작전 지역과 부대 위치는 보안이었기 때문에 부대가 위치한 곳에서 멀리 떨어져 있는 마을에서 만났다. 당시 나의 얼굴은 위장 크림으로 위장하고 있었다. 이 모습을 본 순간, 아내의 눈망울에 눈물이 고이는 것을 보았다. 게다가 두 아이들은 아버지인 나를 몹시 낯설어했다. 이때 가지고 온 위문품은 속옷과 마른 밑반찬이었다. 하지만 내가 평생 받아본 위문품 중에 가장 따뜻한 속옷이었고, 밑반찬은 최고의 음식이었다. 당시 나와 함께 근무하던 상황실 간부 및 용사들과 함께 아내가 가져온 음식을 나누어 먹으면서 가족의 소중함을 새삼 느꼈다.

강릉 지역 무장공비 침투 사건 작전 기간 동안의 작전 상황은 모든 부대에서 기록으로 남겼다. 상황일지 및 전투상보戰鬪詳報, 작전명령으로 세밀하게 기록되었다. 또한, 작전 종료 후 부대별로 작성한 내용을 바탕으로 작전 기간 일어났던 상황과 촬영한 사진, 그림 등을 첨부하여 '강릉 지역 무장공비 침투 사건'에 대한 내용과 교훈을 기록으로 남기기도 했다.

이 사건을 통하여 작전에 투입된 모든 사람들이 49일 동안의 기록이 얼마나 중요한지 피부로 느꼈다. 군의 기록 문화도 이를 계기로 한층 성숙되는 전환점이 되기도 했다.

지옥과 천당을
맛보다

"금반지를 떨어뜨렸는데, 아무리 찾아도 안 보여요!"

아내와 함께 버스를 타고 처조카의 돌잔치에 참석하기 위해 가던 중이었다. 버스 운전기사에게 이러한 상황을 이야기하고 승객들이 앉아 있는 의자 밑뿐만 아니라 버스의 구석구석을 다 뒤졌지만 끝내 찾을 수 없었다. 이 한정된 공간에서 잃어버린 금반지를 찾을 수 없다는 게 도저히 이해가 되지 않았다. 아내는 결국 울음을 터트리고 말았다. 돈이 아까워서가 아니었다. 버스 안에 있는 것이 분명한데 찾지 못하고 결국 잃어버리고 말았다는 사실 때문이었다.

결국, 우리는 목적지에 도착하자마자 곧바로 근처의 금은방을 찾아들어갔다. 그리고 조카의 돌잔치 선물용 금반지를 다시 구입

했다. 지금 그 조카는 30대 청년이 되었는데, 얼굴을 마주할 때면 그때의 돌반지 생각이 떠오르곤 한다. 그리고 이 사건이 상기될 때면 이상하게도 나를 천당과 지옥으로 왔다 갔다 했던 사건이 자연스럽게 떠오른다.

2000년 초겨울이었다. 경기도 동두천에서 훈련을 마치고 새벽 05:00시경 무사히 부대로 복귀했다. 인원과 장비 이상 유무를 확인한 후, 부대원들의 노고를 격려하고 성공적인 임무 완수를 칭찬해 주었다.

그런데 연락장교인 중위 한 명이 얼굴이 사색이 되어 보고를 했다.

"연락장교 상황판 안에 넣어 두었던 2급 비밀문건 한 건이 분실되었습니다."

한순간 화기애애했던 부대 분위기가 싸늘해졌다.

이 순간이 잠시 지난 후 나는 부대원들에게 이렇게 지시했다.

"부대 복귀를 했으니, 즉각 전투 준비 태세를 빠른 시간 내에 완료하고, 휴식과 정비를 한다!"

그리고 정보과장과 함께 2급 비밀문건을 찾기 위한 팀을 구성했다. 우리 부대에서 동두천 훈련장까지는 약 30킬로미터 거리였다.

훈련 지역에서 출발할 때는 정보과장이 직접 비밀문건을 확인했기에 차량으로 이동할 때 분실된 것으로 판단했다. 간부 위주로 3개 조를 편성했다. 3개 구역으로 나누어서 대대적인 수색작전을 실시했다.

나는 지프로 최초의 출발 장소였던 훈련장으로 향했다. 작전계획이 담긴 비밀문건을 분실했다는 책임감으로 오만 가지 생각이 내 머리를 짓눌렀다.

추운 날씨였지만 춥다는 생각이 전혀 들지 않았다. 새벽녘이라 도로는 한산했고 어둑어둑한 상태였다. 착잡한 심정으로 부대가 복귀했던 도로를 따라 동두천 외곽을 지나고 있을 때 환경미화원 한 분이 손을 들어 우리 차량을 세웠다.

"저 혹시……, 작전계획을 찾고 계시죠?"

"어, 어떻게 아셨어요?"

그랬더니 손수레에서 우리가 그토록 애타게 찾던 비밀문건을 건네주셨다. 진심으로 너무나 고마웠다. 작전계획 비밀문건을 건네받고, 기록된 내용을 확인했다. 비밀문건 표지에 차량 바퀴 자국이 선명하게 새겨져 있었지만, 비밀문건은 온전했다.

그 순간 나는 지옥에서 천당으로 다시 돌아왔다.

비밀문건을 건네주신 환경미화원분은 우리 부대의 은인이었다.

16년이 지났건만, 지금도 거리에서 환경미화원분들을 만나게 되면 모두가 은인같이 보인다.

비밀문건을 분실하게 되면 당연히 개인적인 불이익과 처벌을 받는 것은 당연하다. 그러나 그보다 작전계획이 노출되어 군 전

기록하는 인간

체를 위험하게 만들 수 있다는 것이 더 큰 문제다.

국가 공공기관뿐만 아니라 회사에서는 각종 프로젝트와 구성원들에 대한 신상정보 기록물 등이 지속적으로 생산된다. 생산된 기록물 파괴, 분실, 보존 대책이 더욱 요구되는 디지털 시대이다.

기록물을 어떻게 관리하고 보존하느냐에 따라 자신을 지옥과 천당으로 보낼 수 있다.

기록과 수집으로
글쓰기 능력이 상승한다

　한번은 한 신문에서 인터뷰 기사를 눈여겨보았다. 인문교양 글쟁이로 유명한 한양대 국문과 정민 교수였다. 『미쳐야 미친다』, 『다산선생 지식경영법』 등 인문 분야 베스트셀러를 여러 권 낸 바 있는 그의 연구실에 특이한 물건이 하나 있다는 것이었다. 그의 연구실에 있는 동그란 파일 정리함은 그의 자료 파일철이 빼곡했다. 그것은 병원에서 의사들이 환자의 차트를 꽂아두는 거치대인데, 우연히 의료용품점을 지나가다가 샀다고 한다. 무수한 자료를 기록하고, 이를 저술에 필요할 때마다 쉽게 찾아서 쓰는 자세야말로 기록과 수집을 자신의 업무로 이어가는 모범적인 사례란 생각이 들었다.

기록하는 인간

기록을 하면 업무 능력이 향상된다. 특히, 글쓰기 실력이 향상된다. 정민 교수 역시 환자 차트용 거치대를 이용해 자료를 정리함으로써 저술 활동에 큰 도움을 받고 있었다.

나도 36년 일기 쓰기 덕분에 글쓰기 실력이 늘었다. 매번 육하원칙을 기반으로 기록하는 습관이 있기에 글을 쓸 때 주저함이 없다. 이처럼 책 쓰기에 도전할 수 있었던 가장 큰 원천은 일기 쓰기 덕분이다.

『창의방정식의 비밀』이라는 책을 쓴 이동조 작가가 있다. 그는 대학 1학년 때부터 대학신문사 기자, 신문사 기자를 거쳐 1인 지식기업을 운영 중이다. 그는 평생 취재와 자료 수집을 통해 정보를 모으고, 책과 다양한 미디어를 통해 드러난 정보들을 조합해 그 안에 있는 의미 있는 맥락을 잘 찾아낸다.

이 작가는 자료 분석력을 기반으로 『감칠맛 전략』, 『20대 공모전에 미쳐라』, 『히든카드』, 『믹스』 등 10여 권의 책을 저술하고, 전국을 다니며 활발한 강연 활동을 펼치고 있다. 자료 수집과 정보 취합이라는 습관이 그를 다작이 가능한 작가로 만들어 준 사례라고 할 수 있다.

영국의 소설가 겸 비평가 버지니아 울프Virginia Woolf, 1882~1941는 27년간 쓴 일기를 통해 자신의 고민을 털어놓고 작품을 생각하는 공간으로 활용했다. 비록 비극적인 삶을 살았지라도 그녀는 일기를 기록하면서 다른 작가의 작품도 평가하며, 자신에 대한 끊임없는 고민과 내공을 쌓았다. 러시아의 국민작가 톨스토이 역시 일기를 자기 성찰의 거울로 삼아 세계적인 대문호가 되기도 했다.

최근 청소년들의 경우 짧은 메시지로 소통하는 경우가 많아, 단답형을 뛰어넘어 국적 불명의 기호와 정체불명의 단어를 사용하는 경우도 많다. 이러한 문자 소통 문화로써는 자신을 성찰하고 좀 더 실력을 갖춘 글쓰기 훈련이 이루어지기 어렵다. 나는 청소년들에게 일기 쓰기를 권유한다. 청소년을 대상으로 일기 쓰기 강연도 진행한다. 일기를 쓰면 글쓰기 실력도 좋아지고 생각도 깊어진다. 또 자신의 하루를 자세히 들여다보면 어떤 일이 일어났는지를 오래 기억할 수도 있다. 그러면 자신을 사랑하고, 하루를 반성할 수 있으니 지혜도 생기고, 인내심도 기를 수 있다.

기록하라! 글쓰기 능력의 첫걸음을 내딛는 소중한 기회가 될 것이다.

기록은 사고를
예방해 준다

　야외 전술훈련 중 차량 사고가 발생했다. 경기도 포천시 영북면 자일리의 '송정검문소' 삼거리였다. 사고 소식을 접하고 제일 먼저 인명 피해가 있는지, 병원으로 즉각 후송하여 치료를 받고 있는지 몹시 궁금했다.

　나는 군의관을 데리고 사고 현장으로 달려갔다. 현장으로 가면서, 어제 0사단에서 굴착기가 전복되어 장교 한 명이 사망한 사고가 떠올랐다.

　2004년 11월 3일 수요일 10:00경에 발생한 사고였다. 전술훈련 중 부대와의 원활한 통신 소통을 위하여 '사향산 중계소'를 점령하기 위해 이동하던 중 '송정검문소' 삼거리 직선도로 상에서 브레이크 고장으로 정상신호를 받고 좌회전하던 화물차량의 우측

후미 부분을 들이받은 것이었다.

다행히 인명 피해는 없었지만, 대형 사고로 이어질 뻔한 사고였다. 통신 중계소를 점령 중에 있었는데, 700고지의 사향산에서 사고가 났다면 어떻게 되었겠는가? 온몸에 소름이 돋았다.

왜냐하면, 차량을 운전한 박○○ 병장은 내가 이곳 지휘관으로 임무를 수행하기 전 일병 때 차량 사고를 냈었다는 사실을 군수 장교를 통해 알게 되었기 때문이다. 군용 트럭에 완전무장한 용사들을 태우고 관측소 점령을 위해 이동하던 중, 언덕길에서 차량이 뒤로 미끄러지면서 계곡 속으로 추락하여 본인만 가벼운 상처만 입고, 운전병 옆에서 선탑을 했던 관측장교와 뒤에 탑승했던 용사들은 모두 중상을 입고 장기 치료를 받았던 것이다.

사고가 발생하면 모든 책임은 지휘관에게 있다. 그리고 지휘관은 그 책임을 회피해서는 안 된다. 주변에서는 천만다행이라고들 했지만, 나는 그렇게 생각하지 않았다. 사고 예방을 위한 노력이 잘못되었다는 것을 알았다. 사고에 대한 기록이 하나도 없었다. 첫째, 차량을 운전한 운전병에 대한 기록은 말할 것도 없었고, 둘째 차량 관리 상태는 정비관의 머릿속에만 있다시피 했다. 모든 시스템이 구두로 이루어지는 것이 당연시되었다. "나만 알고 있으면 된다. 너무 자세한 내용을 지휘관에게 알려주면 피곤하기만 하다."는 의식이 팽배해 있었다.

물론 '차량점검일지'와 '체크리스트'가 있었다. 하지만 매일매일

점검하고 체크한다고 하면서도 형식적으로 하게 되는 것이 인간의 속성인 듯싶었다. 이렇게 의례적으로 업무를 추진하다 보면 정말로 문제가 없는 것으로 착각하게 된다. 물론 '차량점검일지'와 '체크리스트' 같은 서류들은 대개 어떤 사건이 발생하게 되면 면피성으로 사용되는 것을 한두 번 목격한 것이 아니었다.

▲ 자주포 엔진 점검 및 정비.

그래서 기록을 하더라도 제대로 기록하고, 기록한 근거를 가지고 즉시 정비가 될 수 있도록 추진했다. 제일 먼저 정착시킨 것은, 차량별 전담 운전병과 정비관이 직접 점검한 결과를 현장에서 표준화된 양식인 '정비지시서'에 자세히 기록하게 했다. 이 기록지의 내용을 바탕으로 정비가 실시되면서 차량 정비 불량 사고는 하나도 발생하지 않았다. 또한, 정비 불량에 대한 두려움이 사라지게 되니 운전병들은 안전 운행에 자신감을 가지게 되는 부수적인 효과도 얻게 되었다.

▲ 야전에서 차량의 안전 운행을 위한 정비.

두 번째는 운전병에 대해 신상 관리를 체계화했다. 지휘관과 소대장, 수송관이 함께 모여서 운전병 한 명 한 명에 대한 신상

파악 결과를 핵심 사항 위주로 간결하게 기록하여 그 자료를 공유할 수 있도록 했다. 물론 개인정보보호가 요구되는 사항은 자료가 공유되지 않도록 특별히 주의를 기울였다. 이렇게 함으로써 입체적으로 신상 관리가 이루어졌다. 또한, 기록하는데 불필요한 시간과 노력이 낭비되지 않도록 단 한 줄을 작성하더라도 육하원칙에 따라 작성될 수 있도록 했다. 군의관들도 매우 적극적으로 운전병의 건강 체크 기록을 작성해 주어 기록에 근간을 둔 관리 시스템을 정착시킬 수 있었다.

기록하는 것이 귀찮고 번거롭다고 느끼기 때문에 주로 말과 기억으로 처리하던 업무가 간결하면서도 깔끔한 기록으로 전환되면서부터 병영 내에 웃음이 찾아왔다.

기록 문화가 바뀌어야
안전이 보장된다

최전방 철책선 경계근무 상황과 북한의 움직임을 당직 근무자가 지휘관에게 보고하는 시간이었다.

"북한군의 특이 동향은 없었습니다. 전방부대에서는 대대장급 이상 지휘관 7명이 야간 GOP 순찰을 실시하였습니다."

아침 상황 보고 시마다 보고되는 내용이 형식에 맞추어서 어제의 당직 근무자나 오늘 당직 근무자가 보고하는 내용에 별 차이가 없다. 어찌 보면 형식에 얽매여서 천편일률적 기록 형태에 맞추어서 보고하는 과정에 불과한 것 같다.

야간에 GOP 순찰이 중요하지 않다는 것이 아니다. 지휘관의 경계근무 실태 현장지도는 매우 중요하다. 그러나 순찰 횟수가 중요한 것이 아니다. 한 번을 순찰하더라도 제대로 실시하고, 그 한 번의 순찰이 시간에 구애받지 않고 몇 시간이 될 수도 있고, 1박 2일이 될 수도 있다. 그런데 기록으로 보고되는 것은 한 번의 순찰일 뿐이다. 이러한 실태에서 얼마나 가치 있는 순찰 결과가 나오겠는가? 형식적인 기록과 보고에 불과할 뿐이다. 그리고 이러한 현황을 가지고 인사고과와 부대 평가에 반영되기도 하다 보니 질적인 것보다 형식적인 현황 위주로 운영된다.

국가적인 대형 참사가 발생하지 않도록 많은 인력과 조직을 동원하여 활동하고 있다. 그런데 일어나지 말아야 할 참사는 끊이지 않고 발생한다. 그래서 국가에서는 대형 참사가 발생하면 다시는 이런 재난이 반복되지 않도록 현상을 분석하고 미래를 전망하여 그 내용을 국민에게 알리기 위해 만든 백서白書를 발간하고 있다. 하지만 대형 참사마다 발간된 백서는 잘 활용되고 있지 않고 먼지만 쌓여 있다.

1993년 서해페리호침몰사고 이후 발간된 5개 재난 백서가 지적한 참사 원인과 대응책은 페이퍼 대책에 불과하다.

5개 재난 백서

1. 서해페리호침몰사고: 1993년 10월 10일 발생. 292명 사망
2. 성수대교붕괴사건: 1994년 10월 21일 발생. 32명 사망
3. 삼풍백화점붕괴사고: 1995년 6월 29일 발생. 502명 사망
4. 씨랜드청소년수련원화재사건: 1999년 6월 30일 발생. 23명 사망
5. 대구지하철화재참사: 2003년 2월 18일 발생. 192명 사망

'재난 및 안전관리기본법' 제70조^{재난 상황의 기록 관리} 제1항은 "재난관리 책임기관의 장은 소관 시설·재산 등에 관한 피해 상황을 포함한 재난 상황 등을 기록하고, 이를 보관하여야 한다."고 규정하고 있다.

그런데 지방자치단체나 각 기관에서 발간하는 백서는 홍보 팸플릿을 연상하게 하고, 기관의 이해관계가 담겨 있다. 재난을 책임진 당시 안전행정부에는 백서 제작을 지휘하는 부서나 담당자가 별도로 없었다. 기록에 대한 인식과 문화가 바뀌어야 한다. 읽어보고 싶은 내용을 기록해야 한다. 읽어보나 마나 한 기록을 만들기 위해 노력과 예산을 투입하는 것은 전혀 바람직하지 않다.

국가는 재난 예방을 위해 백서를 발간하여 기록으로 남겨 놓고 있다. 하지만 1995년 4월 28일 대구지하철공사장가스폭발사고로 101명이 사망한 사건 등은 백서로 남겨놓지도 않았다.

기록 문화가 바뀌어야 안전사고와 재난을 예방할 수 있다. 재난안전 백서가 아닌 홍보에 가까운 백서가 되어서는 더더군다나 안 된다. 그리고 사고 당시 지적된 문제점들이 개선되지 않고 계속 반복되는 한 '막을 수 있던 인재人災'라는 딱지는 뗄 수 없는 일이 되고 만다.

재난 대비용으로 발간된 기록물들이 아무도 읽지 않을 기록물로 전락되지 않도록 기록 문화를 만들어야 한다. 또한, 참사 때마다 지적되고 있는 '초동 조치 미흡, 위기대처 능력 부족, 안전점검 부실, 안전시설 미비 등'이 지속적으로 조치되어지는 것이 기록으로 유지되어야 한다. 그리고 국민이 이런 기록들을 자유스럽게 볼 수 있도록 만들어 주어야 한다.

Homo S

PART 04

인생의 행복과 성공을 위해서는 기록해라

criptus

열아홉 살 대학입학시험 후
일기 쓰기를 시작하다

    1980년 12월 중순의 어느 날이었다. 이날은 내가 대학입학예비고사^{현재의 '수학능력시험'}를 마치던 날이었다. 시험을 치르고 나니, 속 시원함보다는 왠지 앞날이 두려움으로 다가왔다. 그날 저녁부터 며칠 동안 여러 가지 생각들이 떠올랐다.

    '과연 내 실력으로 대학을 갈 수 있을까?'

    '군 복무도 3년을 해야 하고, 취직은 물론 결혼도 해야 하는데, 이 모든 것들을 어떻게 해야 하지?'

    이때 나 자신을 좀 더 정확하게 돌아보고 희망이 있는 미래를 설계하기 위해 노트 한 권을 사서 일기를 써보기로 했다. 우선, '나 자신과의 대화'를 통해 앞으로 '어떻게 살아야 할 것인가?'에 대한 답을 찾고자 한 것이었다.

그런데 일기를 쓰기 시작하면서 처음 마음먹은 것과는 달리 일기 쓰기가 귀찮았고 점점 게을러지기 시작했다. 즉, 일기 쓰기가 뜻대로 되지 않고 한 자 한 자 적는 것이 너무나 부담되었다.

처음 일기를 쓰는 것은 해보지 않은 길을 가는 것이었다. 당연히 어려움이 따를 수밖에 없었다. 일주일이 지나도 그 힘든 정도는 달라지지 않았다. 한 달, 그리고 두 달째도 여전히 힘들었다. 하지만 마음을 가다듬고 두 달 정도 쓰기를 시작하면서부터는 명확하게 설명할 수는 없지만, 희미한 광명의 빛이 비치는 것을 느낄 수 있었다.

나 자신에 대해 정확하게 바라볼 수 있는 성찰력이 서서히 싹트기 시작한 것이었다. 고등학교 학창 시절 나는 공부보다는 그냥 친구들과 어울려 놀기 좋아하는 청소년이었다. 하지만 일기를 쓰기 시작한 이후부터는 조금씩 변화되어 갔다. 무엇보다도 '감사하는 마음'과 어떤 일을 추진하더라도 더 '적극적'이고 사물을 더욱 세밀하게 탐구하는 '관찰력'이 향상되었다. 이렇게 쓰기 시작한 일기가 벌써 36년이나 되었다. 아마 죽는 날까지 일기 쓰기는 계속될 것이다.

지금까지 내가 한평생 살아오는 동안 나를 성장하게 만든 것이 무엇이냐고 묻는다면, 나는 서슴없이 '일기 쓰기'라고 대답할 것이다. 그 이유는 36년 동안 일기를 쓰면서 나는 매일매일 자신과의 대화를 통해 새롭게 태어났으며, 세상살이의 답을 찾았기 때문이다.

예상했던 대로 열아홉 살 때의 대학입학예비고사 성적은 신통치 않았다. 내가 희망하는 대학을 갈 수 있는 성적이 아니었다. 나는 재수하기로 결심했다.

난 일기를 쓰면서 1년간 고등학교 때와는 다른 자세로 대학입학예비고사 준비를 했고, 예비고사 시험 두 달 전에는 절에 들어가서 입시 준비에 박차를 가하기도 했다. 이때 나 자신을 붙들어 준 것 역시 일기 쓰기였다. 나 자신을 성찰할 수 있었기 때문이다.

1년 후 다시 치른 대학입학예비고사에서 성적이 나왔다. 기대했던 만큼의 성적은 아니었지만, 서울에서 대학을 다닐 수 있을 정도의 점수가 나왔다. 그런데 부모님은 서울의 일류 명문대학이 아니면 서울로 유학을 보낼 수 없다고 딱 잘라 말했다.

"너 혼자만 서울로 대학을 보낼 수 있는 가정 형편이 아니다. 동생들이 두 명이다. 동생들도 생각해야 한다."

나는 청주에서 생활하고 있었기에 국립대학교인 충북대학교 장학생으로 입학했고, 대학 시절 과대표를 2년 이상 하기도 했다. 4년간의 대학 생활을 졸업함과 동시에 곧바로 학사장교를 선택하여 장교로 임관했다. 그리고 대한민국 군인으로서 30년간 보람 있게 복무한 후 2015년에 육군 대령으로 명예전역을 했다.

군 생활을 하는 동안 많은 우여곡절과 어려운 일도 있었지만, 나를 바로 세우고 성실하고 정직하게 살게 한 것은 다름 아닌 일기 쓰기의 힘이었다. 이것이 나의 군 생활을 이끌어 준 원동력이었다.

현재까지 나는 총 65권의 일기장을 기록물로 가지고 있다. 그중에 62권이 국가기록물로 등재되어 국가기록원에 보관 중이다. 나머지 3권은 국가기록원 등재 이후 작성한 일기장이다. 이것은 내가 가지고 있다.

앞으로 살아가는 날 동안 계속 일기를 쓴다면 아마 100권이 넘을 것이다. 개인적으로 가장 중요한 재산 목록 1호가 아니겠는가?

일기장은 자신과의 대화의 기록이다. 그래서 세상을 살아가는 동안 힘들고 때로는 삶의 지혜가 필요할 때 내가 쓴 일기장을 읽어보면서, 또 다른 나와의 대화를 통해 그곳에서 치유도 받고, 삶의 지혜도 얻는다. 내가 기록으로 남긴 진솔한 삶의 일기 속에 모든 답이 다 들어 있기 때문이다.

지금 돌아보면 열아홉 살 대학입학예비고사를 치른 날이 나에게는 운명의 날이었는지도 모른다는 생각이 든다. 그날 내 미래에 대한 걱정이 너무 심해서 돌파구를 찾았던 것이 바로 일기 쓰기였다. 그 이후 일기를 쓰면서 날마다 성찰했던 과정이 있었기에 지금의 나를 만든 것이다. 이 글을 읽는 당신도 일기 쓰기에 나서라. 당신의 인생에 큰 전환점이 될 수 있다.

내가 아내의 이름을
29년간 부른 이유

　아내와 첫 만남은 지인의 소개로 1988년 9월 30일 19시 15분 팔레스호텔 커피숍에서 이루어졌다. 당시 제24회 서울올림픽 경기 대회가 한창 진행 중이었다.

　이곳에서의 만남으로 지금까지 29년간 함께하고 있다. 당시 육군 중위의 월급으로 호텔을 출입하면서 커피와 식사를 한다는 것은 경제적 능력을 벗어나는 일이었다. 그런데도 내가 그 흔한 다방을 택하지 않고 호텔 커피숍을 택한 이유는 그녀의 가치를 높이 평가하기 때문이었다.

　그렇지 않아도 눈에 확 들어왔던 아내가 나를 배려하여 한마디 말을 했다.

2004년 11월 19일 금요일 (안개 / 대체로 흐림)

그러고 보니 오늘이 결혼기념일이다. 그래서 가족에게 메일을
보냈다. "오늘이 결혼기념일! 축하해요. 훈련이 끝나면 바로
집으로 갈것임." 이라는 내용이였다.

청투/국지도발 훈련 2일차이다. 상급부대에서 통제하여
상황은 특별한 것이 없지만, 여단에서는 몇가지
임무를 부여 받았다. ① 침투간 국지방어편성과 후속조치 간 사항
② 매복/수색에 대한 목적방향 제시 (여건조성 구축지시),
③ 차단선 투진지 위치 검토 / 재선정
④ 기계화된 보고임무능 다양한 분야에 대한 검토와 분석을
요구하고 있다. 이러한 것들을 총괄하는 부서에서는 지휘관
상황보고, 작전술의 입장판은 강력하게 나타나게 하다보니
실제로 예하대에서는 내실있는 훈련보다, 보고거리는 위한
보고/발표자료 준비 및 작성에 거의 모든 시간과 노력을 투자
하고 있다고 봐야 한다.

그러다 보니, 예하대가 바쁘지 않을수 없는 것이다.
훈련전에 사전에 검토되어 지고, 이러한 문제점을 어떻게
보완할것인가 훈련지에서 확인하고 검증하여 발전시켜야
되는것이 순서가 아닌가?

바로 이러한 형태의 훈련이나 교육, 나는 형사 초기에
CPX → CPMX → FTX 형태로 꼭 계획 검토 및
발전이 되어야 하지 않겠는가? 훈련간이 시작되면서
하나도 검토되지 않았던 것이 훈련간 서로 엮이고, 얽혀
있고, 자꾸만 내봐야 무슨 소용이 있겠나, 이것은
더진다나. 책임은 처리한 다는 오늘만을 넘기게 된다.
하여튼, 선견부교육과 작전훈련은 계획검토가 반드시 있어야한다.

▲ 결혼기념일에 쓴 침투 및 국지 도발 훈련 관련 일기.

"호텔에서 식사하는 것보다 이 근처 방배동으로 가서 같이 식사하시죠!"

그 말에 나는 나의 배우자라는 확신을 얻었다.

그런데 이 이후로 지금까지 호텔 커피숍에서 아내와 단둘이서 다정하게 커피를 마셔본 기억이 없다. 결혼하기 전 아내는 나에게 이런 말을 했다.

"나는 결혼을 하더라도 나의 이름을 갖고 싶어요. '누구누구 엄마'라고 부르지 말고 꼭 내 이름을 불러주세요!"

나는 죽는 날까지 이름을 불러주겠다고 약속을 했다. 그 약속 이후 한 번도 약속을 저버린 적이 없다. 아내를 부를 때면 당연히 "은경 씨~"라고 불렀다.

이 약속을 지금까지도 지킬 수 있었던 것은 아내의 요구사항을 기록으로 남겼기 때문이다. 만약 기록하지 않고 머릿속으로만 기억하고 있었다면 이 약속은 지켜지지 않았을 것이다. 어찌 보면 이 세상을 살아가는데 별것 아닌 약속일 수 있다. 그렇지만 처음 한 약속을 지켜준다면, 정말로 멋진 삶이 아니겠는가?

하지만 이 약속 때문에 동료들로부터 종종 질타를 받곤 한다.

"네가 항상 아내를 부를 때 '은경 씨, 은경 씨' 하니까 우리 아내도 자기의 이름을 불러달라고 요구하잖아."

대개 동료들은 아내를 부를 때 'ㅇㅇ 엄마', '야~', '어~이', '여보' 등을 사용했다. 그런 동료들이 자기 아내의 성화에 못 이겨

기록하는 인간

▲ 전남 보성 녹차밭에서 아내 은경 씨와 함께.

자신의 아내를 향하여 이름을 몇 번 불러보기는 했지만 지속적
으로 부르지는 못했다.

아내의 이름을 부르는 습관을 하루아침에 바꾼다는 것은 그리
쉬운 일이 아니었기 때문이다. 동료의 아내들이 자기 이름을 찾겠
다고 하여 한동안 시달림을 받았다. 이 일로 동료들은 한동안 나
를 부부 동반 회식 자리에 나오지 말라고까지 요구할 정도였다.

기록하는 것도 습관이 필요하듯이 아내의 이름을 부르는 것도
습관이 되어 있어야 한다. 언제 어디서든 메모하는 습관이 가장
중요하다. 내가 아내 이름을 부르는 것처럼 습관을 바꾸려면, 나
의 경험으로는 최소한 60일 정도는 되어야 습관화될 수 있다.

정 박사로 불리게
된 사연

"교관자격심사, 합격!"

처장의 이 말 한마디에 그동안의 피로가 싹 날아갔다. 1997년 3월 25일, 3개월간의 연구강의로부터 해방된 것이다. 육군 3사관학교 교관으로 임무를 수행하기 위해서는 반드시 교관자격심사를 통과해야 한다. 그 당시 국방부에서는 학교 교육 혁신을 위하여 교관을 대위 계급에서 우수한 영관장교領官將校로 선발하여 교관으로 운용하는 첫 시기였다.

자격심사 통과 기간이 평균 4~6개월 정도 소요되었고, 심지어는 10개월이 지났는데도 자격심사를 통과하지 못한 교관도 있었다. 군인으로서 10년 이상 근무한 우수한 영관장교들이 자격심사 통과 기간이 길어지고 통과하는 데 어려움을 겪고 있었던 근본적인 원인이 있었다.

교육생들이 장교로 임관되기 전 꼭 필요한 군사훈련과 참모 업무, 부대 관리, 병력 관리 등을 습득해야 하는데, 일반인에서 군인으로 전환되는 시기에 교육생들의 눈높이에 맞는 맞춤형 교육이 제대로 이루어지지 않았기 때문이다. 처음 접하는 군사 전문 용어와 부대 지휘 통솔을 위한 리더십 교육이 교육생 위주가 아닌 교관 위주의 교육이었던 것이다.

이러한 교관자격심사를 나의 경우 3개월 만에 통과하니 모두가 놀라워했다. 특히 나보다 2개월, 3개월 먼저 연구강의를 준비하고 있던 선임자들의 부러움을 한몸에 받았다.

내가 다른 교관들보다 뛰어난 군사적 지식이나 능력을 갖추고 있었던 것은 아니었다. 교육 대상자들에 대해 눈높이를 맞추었을 뿐이었다. 그리고 교관자격심사위원의 질문에는 명쾌하게 답변도 했다. "방금 질문하신 내용은 ○○ 교범 ○○쪽에 있습니다."라고 답변을 하고, 교육생들이 쉽게 이해할 수 있도록 왜 이렇게 해야 하는지 기본 원리원칙에 대한 설명은 물론 시각화하여 행동으로 보여주었다.

내가 이렇게 할 수 있었던 것은 바로 '기록'이 있었기 때문에 가능했다. 교관자격심사를 위한 강의안 준비 시 관련되는 교범과 참고자료를 획득하여 그 내용을 메모 노트에 기록으로 남겼다. 중요하다고 판단한 내용은 강의안 여백에 별도로 한 번 더 기록해 놓았다. 심사위원의 질문에 명쾌하게 답변할 수 있었던 것은 기록으로 남겨놓은 메모의 힘이 아닐 수 없다.

그리고 개인적으로 기록해 놓은 '일기장'이 큰 몫을 했다. 당시의 기록이 한 줄로 짧게 기록되어 있더라도, 그 당시 모든 상황이 영화를 보듯이 또렷하게 기억되기 때문이다. 이러한 기록이 없었다면 현장에서의 노하우를 기억으로 되살리지 못했을 것이다.

기억은 오래가지 않는다. 사람은 망각의 동물이기도 하다. 스마트폰을 사용하기 위해서는 지속적으로 전기를 재충전해야 하듯이, 인간에게 있어서 '기록'이 바로 재충전하는 것과 같은 것이다.

이 자격심사 통과 후 선배 교관들이 붙여준 별칭이 있었다. 나를 '정 박사'라고 불렀다. 야전부대 실무 경험, 강릉 지역 무장공비 소탕작전 때 얻은 경험과 노하우, 또한 1만 5,000여 명의 장교를 양성하는 과정에서 축적된 나만의 각종 데이터를 바탕으로 '각개전투 교범'을 작성하기도 했다.

나는 군사학 박사학위증을 가지고 있지 않다. 그런데도 지금도 '정 박사'라 불리곤 한다.

가족 간의 연결고리
역할을 수행하는 SNS

둘째 아들이 나에게 말을 걸어왔다.

"아빠, 할아버지가 만든 카톡방이 이제는 활성화되는 것 같아요."

그 이유가 무엇인지 물어보았더니, 이렇게 대답했다.

"처음 할아버지가 카톡방을 개설한 직후에는 우리들에게 노파심에 가까운 교육 위주 내용이었어요. '공부 잘해라. 친구 잘 사귀어야 한다. 좋은 직장 얻도록 노력해라. 부모님 말씀 잘 들어라.' 등등의 내용이다 보니, 자연스럽게 할아버지가 개설한 카톡방 방문을 안 하게 되었고, 카톡방을 들어가도 댓글을 달지 않았어요."

그러면서 한마디 더 이야기했다.

"지금은 가족 간의 사랑과 격려가 있는 내용과 사진 등이 카톡방을 장식하다 보니 나도 자연스럽게 자주 방문하게 되고 가족 간의 끈끈한 정을 느끼게 되어서 좋아요!"

▲ 서해안 안면도 가족여행.

물론 최근에는 저출산 풍조로 인해 대가족을 이루는 문화가 약하다.

1962년부터 시작된 범국가적인 차원의 가족계획사업이 있었다. 1960년대에는 '3.3.35원칙'이라는 가족계획 용어가 있었다. 이는 3명의 아이를 3년간의 터울로 35세 이전에 낳아서 기르자는 원칙으로 "알맞게 낳아서 훌륭하게 기르자."였다.

▲ 사랑하는 자녀들과 함께. "우리도 사진 찍어주세요!"

1970년에 들어서서는 더욱 박차를 가하여 '1가구 2자녀 이하 갖기'로 정하고 슬로건을 "딸 아들 구별 말고 둘만 낳아 잘 기르자."로 변했다. 그런데 곧바로 "둘도 많다. 축복 속에 자녀 하나 사랑으로 튼튼하게."로 바뀌었다. 자녀가 많은 가족에게 국가시책을 따르지 않는다고 수치심을 조장하기도 했다.

현재 한국은 선진국 클럽이라고 부르는 경제협력개발기구^{OECD} 회원국 중에서도 가장 낮은 출산율을 보이고 있다. 지금은 "둘만이라도 낳자."라는 구호로 변했다. 정말로 빠른 속도로 출산율을 줄이는 데 성공한 대한민국은 이제 빠른 속도로 늙어가고 있다.

가족제도도 변했다. 한 가족 내에 할아버지와 할머니, 아버지와 어머니, 손자와 손녀가 모여 사는 전통적인 대가족의 모습은 찾아보기 힘들게 되었다. 대가족이 함께 사는 것이 뉴스 기사화가 되는 세상이 되었다.

자녀들을 출가시킨 후 노인 부부 둘만이 가족을 이루어 사는 모습이 전혀 이상하지 않고 당연한 것이 되었다. 배우자가 사망한 후 노인 홀로 사는 모습도 어색하거나 동정심을 불러일으키지 않고 있다.

자녀들하고 만남의 횟수를 손으로 꼽는 노인 부부가 점점 더 많아지고 있다.

저출산으로 손자와 손녀들이 몇 명 되지 않는 것은 둘째치고, 아이를 낳지 않은 자녀들로 인하여 손자와 손녀를 보지 못하는 노인 부부도 있다.

가족의 변화를 가져오는 요인이 여러 가지가 있지만, 저출산, 국제결혼, 결혼 포기, 만혼晚婚 등의 영향은 무시할 수 없다. 가족 구성 인원과 직결되는 문제이다.

가족 간의 다양한 이야기와 소통을 위하여 카톡방 운영뿐만 아니라, SNS를 활용한 대화는 매우 긍정적이다. 노인 문제, 가족 간의 소통 문제 등이 자연스럽게 해결되는 데 큰 도움을 줄 것이다. SNS 세대들은 기록 문화메시지에 익숙해져 있다. 가족 간에

기록하는 인간

주고받은 대화 내용과 사진^{이미지}을 정기적으로 출력하여 보관하는 것도 좋다. 가족 간의 사랑이 영원히 기록으로 남겨진다. 가족 모두가 참여하여 만든 것이기 때문에 더욱 소중한 기록물이 아니겠는가?

풋내기 이사꾼에서
이사 전문가가 되다

"사람은 평생 몇 번 이사 다닐까요?"

아내가 나에게 물었다.

2016년 2월 11일, 우리 가정이 이사하는 날이었다. 아내와 결혼한 후 16번째 이사하는 날이었다. 그런데 나는 속 시원하게 대답을 못 했다. 무엇을 말하려고 하는지 잘 알고 있었다. 그것은 군 복무로 인한 근무지 이전으로 1년 또는 2년에 한 번은 이사해야 했기 때문이다.

1990년대 중반까지 '포장이사'라는 단어는 생소했다. 그러다 보니 포장이사의 혜택을 받을 수 없는 것은 당연한 일이었다. 이사 날짜가 결정되면 한두 달 전부터 하는 일이 있었다. 최우선적으로 하는 일이 물건을 담을 상자와 신문지를 구하는 일이었다. 지금은 분리수거하는 장소에 가보면 넘쳐나는 것이 상자와 신문이지만, 당시에는 상자와 신문지를 확보하는 것이 그리 쉬운 일이 아니었다. 가게 주인에게 부탁하여 사례금까지 주어야만 했다. 이렇게 충분한 시간을 두고 확보하지 않으면 이사하는 데 많은 곤란을 겪게 된다. 그 이유는 상자와 신문지를 이용하여 물건 하나하나를 포장하여 깨지지 않게 해야 하기 때문이었다. 제대로 준비되지 않으면 곧바로 물건 파손으로 직결되었다.

결혼 후 10년 차 되는 해까지는 위와 같은 일을 반복하면서 이사하는데 고생을 많이 했다. 이사하기 한두 달 전부터 시작된 이사 준비와 이삿짐 싸기, 그리고 이사 후에는 이삿짐 풀기로 몸이 녹초가 되었다. 짐 정리는 한 달 정도 계속되었다.

이사 후 1년도 안 되어서 근무지가 변경되면 또다시 이사 준비를 해야 했다. 이럴 때는 1년 내내 이사만 하게 되었다. 주변 사람들을 만나서 친해지려고 하면 또다시 이별해야 해서 아쉬움만 남았다.

이렇듯 이사 자체에 치여서 헤어나기 힘들었는데, 이사 횟수가 증가함에 따라 노련함도 생기게 되었다. 그래서 아내는 이사를 준비할 때 이삿짐 품목과 무엇을 사전에 준비해야 하는지를 목록화하여 기록했다.

이사한다는 말이 떨어짐과 동시에 기록으로 가지고 있던 자료를 꺼내서 최신화하기 시작했다. 자녀들이 성장함에 따라 집안의 물건들이 아이들의 성장과 비례하여 대폭 늘어났기 때문이었다.

이사를 하게 되면 주소가 변경되는 것은 당연한 일이었다. 하지만 이 시절에는 전화번호까지 바뀌었다. 현재와 같이 스마트폰이 있으면 이사를 하더라도 전혀 문제가 없다. 하지만 스마트폰이 없던 시절의 유선전화는 이사를 다닐 때마다 변경되어서 부모님과 일가친척과 가까운 지인들에는 일일이 전화를 걸어서 변경된 전화번호를 알려드려야 했다. 변경된 전화번호로 일일이 전화를 거는 것도 하루에 끝나는 것이 아니다. 어떨 때는 1주일 정도 소요되기도 했다. 시내전화와 시외전화 요금 체계로 되어 있었기 때문에, 우리는 이사 후 얼마 동안은 비싼 시외전화 요금을 지불해야만 했다.

이사를 지혜롭게 하기 위해서 이사 품목을 목록화하여 기록으로 남겼다. 이렇게 한 다음부터는 마음의 여유도 생겼다. 귀찮고 번거롭다고 기록하지 않고, 머릿속 기억에만 의존한 이사를 할 때는 밤에 잠도 안 왔다. 무엇을 준비해야 할지, 그 걱정이 머릿속에서 떠나지 않았기 때문이다. 그러나 기록의 힘을 이용한 다음부터는 이사의 전문가가 될 수 있었다. 무엇보다도 마음의 평안을 얻은 것이 가장 큰 행복이었다.

야구와 인생은
기록으로 말한다

"오늘이 프로야구 창설이란 역사적인 개막식이 있는 날인데, 야구 경기를 볼 수 있을까?"

"아~ 나도 걱정이 돼."

"백인천 감독은 선수로도 뛴다고 하던데?"

"어느 팀이 이길 것 같니?"

이런 말을 주고받으면서 나는 대학생 병영훈련 퇴소식 준비를 하고 있었다.

1982년 3월 27일, 프로야구 첫 출범 개막식이 있는 날이었다. 그런데 대학생 병영훈련을 3월 22일부터 3월 27일까지 일주일간 충북 증평에 있는 군부대에서 받아야 했다. 지금은 시행하지 않고 있지만이때는 남자 대학생들은 모두 군부대로 입소하여 군사 훈련을 받았었다.

　나는 고등학교 다닐 때 골목길에서 친구들과 함께 야구시합을 즐겼다. 그러니 야구공이 날아가 유리창을 깨뜨리는 일은 다반사로 일어났다. 동네 어른들은 "아이고, 너희들 때문에 못 살겠다."는 말씀을 하시곤 했다. 그럴 때는 야구공 대신 테니스공을 가지고 골목 야구를 하기도 했다.

　병영훈련 퇴소식을 마치고, 대학교로 복귀하니 환영한다고 막걸리가 준비되어 있었다. 평상시 같으면 걸쭉하게 한 잔씩 했을텐데, 그날만큼은 아니었다. 프로야구 첫해의 개막식 경기를 시청하기 위해 서둘러 귀가를 했다. TV를 통하여 아주 흥미진진하게 시청을 했다.

　프로야구 원년의 몇 가지 재미나는 기록들이 있다. 개막식이 열리는 서울운동장에서는 아침 일찍부터 인파가 몰려 대혼잡을 이루었다. 서울운동장 측이 집계한 유료 입장객 수는 2만 6,000여 명으로 6,500여만 원의 입장 수입을 올렸다.

　프로야구팀은 6개 구단으로 출범하여, 지금은 10개 구단이 되었다. 개막식 경기에서 '삼성 라이온즈와 MBC 청룡'의 경기 결과는 청룡이 승리했다. 이날 경기 시간은 연장전까지 가면서 4시간 15분의 기록을 세웠다. 삼성과 청룡은 9회까지 7 대 7 동점이었다. 그런데 연장 10회 말 1번 김인식이 데드볼, 3번 김용달이 좌전안타로 출루, 1사 2루와 3루가 되었다. 유승안이 투수 앞 땅볼을 치는 바람에 2아웃, 그다음 감독 겸 선수인 백인천을 고의사구로 출루시켜 만루가 되었다. 이 상황에서 6번 타자 이종도가 타석에 나와서 투수 이선희와 대결을 벌였다. 노스트라이크 2볼에서 3구째 평범한 안쪽 직구를 받아쳐 왼쪽 담장을 넘겼다. '굿바이 만루홈런'이 된 것이다. 이것이 야구의 기록이다.

야구를 기록의 스포츠라고 말한다. 많은 종류의 스포츠가 있지만, 야구는 다른 종목과는 구별되는 것이 있다. 경기 중에 벌어지는 모든 상황을 기록으로 남기는 거의 유일한 종목이기 때문이다. 축적된 기록을 잘만 활용하면 어떤 선수의 기량과 특성, 앞으로의 성적까지 예측이 가능하다. 그래서 기록은 야구를 더 흥미롭게 만든다. 선수들의 타율이 얼마니? 투수의 방어율이 얼마니? 하는 통계치를 가지고 옥신각신하는 모습이 절대로 이상하지 않다.

필자는 기록이 대세를 이루는 야구 경기를 인생에 비유하기도 한다. 인생에 한방에 통하지 않는다. 야구 경기에서도 1할 타자가 찬스에서 안타를 칠 확률은 극히 낮다. 하루아침에 달라지지 않는 기록의 경기인 야구를 보면 인생도 참 똑같다는 생각이 든다.

인생기록연구소에서도 새로운 연구원이나 강사를 뽑을 때 그들의 사전 데이터를 중시한다. 각자가 무슨 일을 했는지, 어떤 성과를 냈는지를 기록으로 확인해야 뒤탈이 없다. 사람은 누구나 자신만의 기록을 갖고 인생을 산다. 그 기록을 어떻게 관리하느냐가 야구 경기의 승패를 좌우하듯 인생에서도 기록에 성패가 달려 있다.

120만
청소년 일기장과의 만남

120만 명 어린이들의 일기장과의 첫 만남은 2016년 9월 7일에 이루어졌다. 세종특별자치시에 있는 '사랑의 일기 연수원'은 120만 명 초·중·고 학생들의 꿈과 희망이 쓰여 있는 일기장을 보관해 온 비영리법인인데, 그날 사랑의 일기 연수원의 대표를 처음 만났던 것이다.

필자를 만난 사랑의 일기 연수원의 대표는 그곳에 보관된 일기장을 직접 펼쳐 보여주면서 자세히 설명까지 해주었다. 이렇게 하여 청소년들의 꿈과 비전이 담긴 소중한 '사랑의 일기'를 처음 접하게 되었다.

며칠 후, 필자는 다시 사랑의 일기 연수원을 찾았다. 그리고 연수원 대표와 차 한잔을 같이 마시면서 자연스럽게 일기 쓰기에 대해 이야기를 나누었다.

그때 연수원 대표는 내게 다음과 같은 제안을 했다.

"사랑의 일기 연수원에서는 세계 최초 '일기 박물관' 건립과 '사랑의 일기'를 기록문화유산으로 등재하는 일을 추진하고 있습니다. 소장님도 저희 일에 함께해 주지 않겠습니까?"

갑자기 뜻밖의 제안을 받고 난 잠시 머뭇거렸다. 하지만 연수원 대표는 이미 필자가 36년간 일기를 써오고 있다는 사실을 알았기에 그렇게 말씀하셨던 것이다. 이때부터 필자는 어떤 대가도 바라지 않고, 일기 박물관 건립과 기록문화유산 등재를 함께 추진하기 시작했다.

그런데 2016년 9월 28일 9시 05분경, 평상시와 같이 사랑의 일기 연수원에 도착했을 때, 전혀 예상치 못한 일을 목격했다. 사랑의 일기 연수원을 강제 철거하고 있었던 것이다. 대체, 왜 이러한 일이 벌어지고 있는지 도저히 이해할 수가 없었다.

너무 놀라서 연수원 사무실로 뛰어들어가 자초지종을 알아보려고 했지만, 강제집행에 동원된 용역 요원 칠팔 명이 길을 막고 서서 들어가지 못하게 했다. 정말로 어이가 없었다.

내가 사랑의 일기 연수원에서 활동하고 있는 누구라고 밝혔음에도 불고 막무가내였다.

"연수원 2층에는 내 사무실도 있습니다. 그곳에는 내 소유의 물건들이 있습니다. 어떻게 되었는지 꼭 확인해야 합니다."

이렇게 말했더니, 그제야 겨우 2층으로 올라갈 수 있게 길을 열어 주었다.

2층으로 올라가 보니, 벌써 내 물건들은 어디론가 사라지고 보이지 않았다. 무엇보다도 아내가 직접 이곳을 방문해서 창문에 달아준 커튼까지 사라져 버렸다. 정말 참담하지 않을 수 없었다.

'사랑의 일기 연수원'은 2003년 금석초등학교가 폐교될 때 마을 주민들이 인성 교육의 도장으로 다시 태어날 수 있도록 적극적으로 유치한 것이었다. 사실 세종특별자치시 금남면 금병로 670번지에 있던 금석초등학교는 마을 주민들의 자발적인 기부와 헌신이 없었다면 세워질 수 없었다. 1950년대 당시 충청남도교육청에는 학교를 세울 장소에 땅이 부족했다. 이때 이 마을에 사시던 심수동沈洙東 선생이 자신의 땅을 기꺼이 학교 부지로 사용하도록 기부했다. 그러자 마을 주민들이 어려운 환경에서도 자녀들의 교육을 위해 보리쌀을 한 말 두 말 자발적으로 기부했고, 또 학교 건물이 세워질 때는 직접 벽돌을 쌓아 올려 금석초등학교를 건립했던 것이다.

그런데 '세종시 건설'이라는 명분만을 내세워 2016년 9월 28일 새벽을 기해서 사랑의 일기 연수원을 기습적으로 강제 철거를

집행했던 것이다. 강제집행에 동원된 용역 요원만 무려 150여 명이었고, 포클레인 등 중장비와 대형 버스를 비롯한 화물차 등 80여 대가 사랑의 일기 연수원을 점령함과 동시에 소중한 기록문화유산과 유물들을 쓰레기 취급하며 역사적 가치를 가진 자료들을 말살했던 것이다.

이렇게 사랑의 일기 연수원이 강제 철거된 지 두 달 후, 2016년 11월 29일에 연수원이 있던 자리를 다시 찾았던 필자는 깜짝 놀라지 않을 수 없었다. 왜냐하면, 철거된 건물 폐기물 속에서 일기장을 발견했던 것이다. 그리고 일기장이 발견되었던 폐기물을 뒤졌더니 일기장이 무더기로 나왔다. 그뿐만 아니라 주변의 흙무더기 속에서도 다수의 일기장을 찾을 수 있었다.

강제집행될 때 일기장을 닥치는 대로 마구잡이로 상자에 담아서 집행관이 관리하는 창고로 실어갔다. 자그마치 상자가 600개가 넘었었다. 그렇다면 이렇게 폐기물과 함께 쓰레기로 처리된 일기장은 도대체 얼마나 될까? 울분과 함께 비통한 심정마저 들었다.

사랑의 일기 연수원 대표는 요즘 이렇게 말하곤 한다.

"사랑의 일기 연수원이 강제집행되는 동안 저는 그 어떤 폭력적 행사도 취하지 않았습니다. 그런데 지금 와서는 그게 몹시 후회가 됩니다. 왜냐하면, 법을 준수한 것이 도리어 모든 것을 잃게 만들었으니까요. 법을 준수하고 소중한 기록문화유산을 보존해야 할 집행관과 한국토지주택공사가 모든 것을 쓰레기로 만들었습니다. 지금도 땅속에는 수천 권의 일기장이 묻혀 있어요."

우리나라는 『조선왕조실록』과 『팔만대장경』, 『훈민정음』, 『난중일기』 등을 보유한 기록 문화 분야에서는 세계 최고의 자랑스러운 민족문화 국가이다. 그런데 소중한 기록이 담긴 일기장을 파묻어 버린 이런 우리의 모습을 세종대왕께서 지켜보고 계신다면 뭐라고 하실까? 특히, '세종시'라는 이름에도 결코 걸맞지 않은 행동이다.

청소년들의 '사랑의 일기'는 충분히 보존될 가치가 있다. 이것이 바로 역사이고 문화유산이 아니겠는가. 지금 당장 120만 명의 청소년 일기장이 더 이상 훼손되지 않도록 법적 조치가 있어야 한다. 정부와 세종시 그리고 한국토지주택공사는 이 사건에 대해서 서로 자신들의 업무가 아니라고 떠넘기지 말아야 한다. 사랑의 일기 연수원과 같은 제2의 참담한 사건이 일어나선 안 된다. 우리의 소중한 역사적 자산들은 길이 보존되어야 한다.

▲ 철거되기 전 '사랑의 일기 연수원' 모습.

▲ 가족과 함께 만든 '사랑의 일기'.

기록하는 인간

기록이 발단이 된
'사랑의 붕어빵'

자식 세 명을 사고와 병으로 먼저 떠나보낸 어머니가 군에 남아 있는 아들 하나로부터 연락을 받았다.

"군대 국군병원에서 치료받고 있어요. 저를 치료하고 있는 담당 군의관이 정확한 진단과 필요한 조치를 위해서는 정밀검사를 받아야 한대요. 정밀검사는 민간 병원에서만 가능하고, 250만 원 정도 비용이 소요될 것 같아요."

재석이는 2006년 군 입대를 했다. 재석이네는 극빈의 경제적 어려움을 겪고 있었다. 아버지는 손가락이 절단된 상태에서도 막노동으로 생계를 유지하고 있었고, 어머니는 오랜 당뇨로 인한 합병증으로 백내장을 심하게 앓고 있었다. 재석이는 입대가 제한

될 만한 신체 조건이었지만 가정 형편상 정밀검사를 하지 못해서 입대한 병사였다. 재석이는 항상 밝은 표정으로 열심히 생활했지만 얼마 지나지 않아 체력 저하로 정상적인 생활을 하는 것이 힘들어졌다. 이때부터 의무대와 국군병원을 오가며 치료를 지속적으로 받기 시작했다. 그런데 체력 저하 현상은 더해만 갔다. 결국, 군대 국군병원에 입원조치를 시켜 치료 중이었다.

재석이로부터 이야기를 전해 들은 부모님은 그 즉시 정밀검사와 치료비를 대주었다. 그런데 이 비용은 생활고로 미루어왔던 어머니의 백내장 수술비였다. 어머니의 백내장 수술을 위해 아버지가 막노동으로 1년간 어렵게 모아둔 수술비였던 것이다.

자식들을 먼저 저세상으로 떠나보낸 어머니는 재석이마저 잘못될까 봐 수술을 받지 못하면 실명이 될 수 있다는 사실을 누구보다도 잘 알고 있으면서도 자식을 위해 주저 없이 결단을 내렸던 것이다.

이 소식이 병영 내에 알려졌다. 나눔의 손길이 이어졌다. 정석인 상병은 군 입대 전 아르바이트로 모아둔 돈과 그동안 월급으로 조금씩 저축한 30만 원을 선뜻 내놓기까지 했다.

부대에서는 '사랑의 붕어빵 행사'를 전개했다. 붕어빵 4~5마리를 1,000원에 판매하여 수익금을 만들자고들 했다. 그런데 이렇게 하면 붕어빵 판매 수익금으로 250만 원 이상 만들기는 힘든 일이었다.

기록하는 인간

▲ 사랑의 붕어빵 행사.

그래서 나는 이렇게 하기로 마음먹었다.

"붕어빵은 무료로 얼마든지 제공해 주고 기부를 받자."

그런데 간부들은 과연 그렇게 하면 모금이 될까 걱정스러워했다. 그러나 결과는 대성공이었다. 붕어빵 몇 개를 맛있게 나눠 먹으면서 자연스럽게 1,000원, 5,000원, 1만 원을 모금함에 넣어 주었던 것이다. 그 결과 3일 동안의 행사에 4,025,520원을 모금했다. 부대원들과 함께 주둔지에서 이틀, 상무대교회에서 하루 동안 실시했다.

이 소식이 부대원들의 부모님에게까지 전해지면서 박형근 일병 부모님으로부터 전화가 왔다.

"재석이 어머니 수술비 전액을 지원하겠습니다."

또한, 정수원 일병의 어머니께서는 사회봉사단체와 연계하여 어려운 가정 형편이 지원받을 수 있도록 하겠다고 했다.

재석이 어머니는 백내장 수술을 받으셨고, 사회봉사단체로부터 지원도 받게 되었다. 부대에서는 '사랑의 붕어빵 행사로 모금된 기부금을 생활비와 추가적인 치료비 발생 시 사용할 수 있도록 재석이 분대장과 간부들이 직접 방문하여 전달해 드렸다. 재석이는 부모님의 질병과 생계 곤란, 정밀검사를 통하여 정상적인 군 생활을 할 수 없는 신체 조건으로 전역 조치되었다.

재석이에 대한 모든 것을 자세하게 알 수 있었던 것은 바로 간부들의 기록이 있었기 때문이다. 분대장은 자신의 메모장에 면담했던 내용, 관찰한 사항을 자세하게 기록해 놓았다. 그래서 그것이 재석이가 전역조치 되는데 가장 신뢰가 되었던 자료 중의 하나이기도 했다.

부대 군의관은 재석이가 처음 전입해 와서 의무대 진찰을 받았을 때부터 하나도 빠짐없이 컴퓨터 파일에 기록해 놓았었다. 해당 소대장과 지휘관은 분대장 및 군의관으로부터 기록된 정보를 공유하면서 병력 관리를 했다. 또한, 본인들이 작성한 내용 중 개인정보와 비밀 보장이 필요한 범위 내에서 분대장 및 군의관과도 기록된 내용을 피드백하면서 공유했다.

　이러한 입체적인 기록들은 재석이가 전역 조치되는 데 필요한 아주 중요한 증빙 자료가 되었다. 전우애가 듬뿍 담긴 나눔 운동 이야기는 2007년 2월『국방일보』에 기사화되었고, 또한 3월에는 장병 '기본정훈교육' 자료로 작성되어 배포되었다.

▲ 전우애로 똘똘 뭉친 사랑하는 전우들.

인생기록연구소가 시작한
사랑의 나눔 운동

　기록을 남기고, 기록 문화의 발전을 위해서 인생기록연구소를 설립했다. 그런데 사랑의 나눔 운동 역시 중요한 영역이라고 보았다. 그래서 시작한 것이 6·25 참전용사 돕기 캠페인이다.

　대한민국6·25참전유공자회 '세종특별자치시 지회' 권대집 회장님과 자원봉사하시는 분들을 처음 만났을 때 이구동성으로 이런 말을 들었다.
　"현재 6·25 참전용사는 약 20만 명 정도 생존해 있어요. 그런데 매년 2~3만 명씩 이 세상을 떠나고 있답니다. 앞으로 5년 정도 지나면 과연 몇 명이나 생존해 있을까요?"
　매우 안타까워하면서 말했다. 그러면서 이야기를 계속했다.

"6·25 참전유공자 중 30퍼센트 정도는 정말로 힘들게 살아가고 있어요. 올겨울 연탄값이 없어서 채난探暖을 할 수 없는 분들이 많아요."

이 말을 듣고 처음에는 의아해했다. 하지만 사실이었다. 국가에서 이분들에 대한 예우가 있는지조차 의심스러웠다.

6·25 참전 유공자분들에 대한 지방자치단체별 '참전명예수당' 지급 실태는 천차만별이다. 어느 지방자치단체는 1~2만 원 지급하고 있었고, 반면에 다른 지방자치단체에서는 20만 원을 지급하여 20배까지 차이를 보이기도 한다. 하지만 평균적으로 5만 원 정도가 참전명예수당으로 지급되고 있다. 그런데 아예 참전명예수당을 지급하지 않는 지방자치단체도 상당수 있다.

이러한 사실을 알고 나서 그냥 있을 수가 없었다. 인생기록연구소 가족들과 논의하여, 이분들에 대한 감사와 최소한의 예우가 필요하다고 판단하여, '사랑의 연탄 배달'을 추진했다.

사랑의 연탄을 직접 나르면서 모두가 이런 말을 했다.
"일회성으로 끝낼 것이 아니라, 지속적인 관심과 지원을 하자!"

지금 인생기록연구소에서는 이분들을 위한 나눔 운동을 전개해 나가고 있다. 어떤 분에게는 매달 1만 원씩 후원금으로 보내주고, 다른 분에게는 필요한 물건을 보내주기로 약속했다.

▲ 경제적 도움이 필요하신 6·25 참전용사분들의 겨울철 난방을 위해 '사랑의 연탄 배달'을 하는 인생기록연구소.

6·25 참전용사분들에 대한 기억과 관심이 점점 사라져 가고 있다. 이분들에 대한 고마움과 예우를 호소하려는 것이 아니다. 이분들은 현재 80대 후반에서 90대 노인분들이다. 대한민국 국민으로 살아갈 날이 얼마나 남았을까?

국가를 위하여 헌신한 분들에 대하여 마지막 여생에 조금이나마 보답하고자 한다.

"역사를 잊은 민족에게 미래는 없다."

이 말은 일제로부터 침략당한 조국의 현실을 일깨우기 위해서 신채호 선생이 남긴 말이다. 지금 우리가 한 번쯤 되새겨 볼 필요가 있다.

기록하면
비전이 생긴다

　여행 전문가인 한비야 씨는 그녀의 저서 『그건 사랑이었네』에서 꿈의 목록을 제시했다. '죽기 전에 꼭 하고 싶은 일'의 목록을 적은 것이다. 그녀는 앞으로 무엇인가를 배우고, 끊임없이 하고 싶은 일의 목록을 갱신하며 살고 싶다고 호소했다. 제대로 된 인생 설계도가 있으면 인생을 살아가면서 마구잡이로 헤매지 않고 잘 살아갈 수 있겠다고 이야기했다.

　외국으로 눈을 돌려보면 『존 아저씨의 꿈의 목록』을 쓴 존 고다드가 있다. 그는 어렸을 때 자신만의 '꿈의 목록' 127개를 적었다. 그는 평생을 꿈의 목록을 달성하는데 온 힘을 쏟았고 많은 그의 목록에 적은 꿈을 이루었다. 그는 지금 세계에서 가장 유명한 탐험가이자 인류학자, 다큐멘터리 제작자로서 활약하고 있다.

이 국내외 두 사람의 사례를 들었지만, 자신의 꿈을 기록하는 행위를 통해서 비전에 다가선 사례는 많다. 나의 경우에도 어떤 행사나 프로그램을 기획하면 일부러 달력에 큰 동그라미를 치고, 작게 메모를 한다. 평소에 그 달력을 쳐다보면 해당되는 날의 동그라미는 내 일상의 마음가짐에 긍정적인 영향을 미친다.

다만 꿈의 목록을 적을 때는 좀 더 구체적으로 적는 것이 좋다. 필자 역시 인생 이모작을 앞둔 지금 시기, 소박하지만 확실한 꿈을 갖고 있다. 1년에 한 번쯤은 국외에서 1개월 정도 현지 원주민들과 함께 생활하면서 나눔 운동도 실천하는 일이다. 물론 어떤 나라에서 무엇을 하며 보낼지에 대해서는 고민을 하고 있다. 한번은 외국에 나가 여행을 하는데, 가이드에게 그 나라의 생활비나 일상생활에 대해서 많은 질문을 했다. 모두 내가 가진 꿈을 구체화시킬 요량으로 알아본 것이다.

또한, 긍정적으로 꿈을 적는다. '적는다고 다 이루어질까?'라는 마음이 들면 적을 게 없다. 하나의 꿈은 확장성이 있어 그다음 꿈으로 연결되기도 한다. 가령 책을 많이 읽고 싶은 꿈은 교사나 소설가의 꿈으로 이어질 수 있다. 꿈의 목록을 적을 때는 가능한 한 긍정적인 마음으로 적자.

이외에도 남을 배려하는 마음을 적자. 남을 배려하는 마음으로 공부하면 그 공부는 남을 이롭게 한다. 그런 마음은 의사가 되어 환자를 치료하고, 선생님이 되어서 학생들을 가르칠 때도 다르게 나타난다. 그런데 이기적인 마음으로 이웃을 생각하지 않는다면 그 꿈은 더 이상 꿈이 아니라 욕망이 된다.

▲ 전남 함평에서 양파 수확 봉사 활동(현충일 날).

한 기업을 방문했을 때 사무실에 붙어 있는 비전선언문을 본적이 있다. 한 사무실 내 소속 팀원 전원의 비전선언문을 읽어보니 참 신선하게 다가왔다. 그 비전선언문에는 4가지 정도로 나뉘어 제시되어 있었다.

❶ goal: 중·장기적인 인생 목표
❷ vision: 1을 통해 인류와 사회에 실현할 선한 영향력
❸ value: 1, 2를 달성하기 위해 고수해야 할 가치
❹ mission: 1, 2, 3의 달성을 위해 실천해야 할 구체적인 내용

이렇게 나뉜 비전선언문에는 갖가지 비주얼한 이미지와 더불어 팀원 개개인의 인생 및 진로 목표가 새겨져 있었다. 그것을 본 필자로서는 이 회사에 대한 호감도가 아주 높아진 것은 물론이다.

자신의 목표를 이런 비전선언문 등을 작성해 기록해 둔다면 하루하루가 자신을 성찰할 수 있는 계기가 되지 않을까. 자신의 꿈의 목록, 비전선언문을 기록해 보라. 인생이 달라질 수 있다.

NOTE

Homo S

PART 05

인생 기록에 성공한 사람들

메모하는 혁신의 아이콘,
스티브 잡스

애플의 창업자 스티브 잡스Steve Jobs, 1955~2011가 1974년 19세에 친필로 작성한 메모가 2만 7,500달러한화 3,300만 원에 팔렸다. 전 세계 많은 사람들은 놀랐다. 아주 오래된 문서도 아니고, 게다가 스티브 잡스가 고인이 된 지 1년도 채 되지 않은 상태였기 때문이다. 불과 종이 다섯 장에 이런 가격이 매겨질 수 있다는 것은 메모가 분명히 중요한 자산이 될 수 있음을 여실히 보여주고 있는 것이다.

성공한 리더들의 특징 중 하나가 기록하고 메모하는 습관을 가지고 있다는 것이다. 스티브 잡스는 메모광이었다. 그런 그가 디지털 시대를 상징하는 역사적 인물로 평가되고 있으며, 21세기 혁신의 아이콘이 되었다. 이것은 모두 기록의 힘이 아닐 수 없다.

고대 그리스 철학자 아리스토텔레스^{Aristoteles, 기원전 384~기원전}

³²²는 "습관은 제2의 천성."이라고 했다. 한번 몸에 밴 습관은 좀처럼 바꾸기가 쉽지 않다. "세 살 버릇 여든까지 간다."는 우리의 속담도 있다. 습관이 몸에 배면 그 자체가 천성이 되는 것이다.

습관은 한 사람의 인격을 판단하는 잣대가 될 만큼 중요하다. 기록하고 메모하는 습관이 배어 있는 사람에게는 성공을 가져다준다.

특히, 스티브 잡스는 프레젠테이션의 귀재로 유명하다. 그는 신제품을 발표할 때마다 기발한 프레젠테이션으로 사람들의 모든 관심과 흥미를 유발시켰다. 그는 췌장암으로 사망했는데, 그의 병이 알려지고 나서 애플의 주가가 6.6퍼센트 급락, 시가총액 22억 달러가 증발하는 현상이 나타났던 것은 스티브 잡스의 영향력이 얼마나 큰지를 방증하는 사례이다.

메모를 철저하게 하고, 자신의 업무를 완벽하게 해냈던 스티브 잡스는 결국 스마트폰 혁명을 가져온 아이폰을 만들어 냈다. 아이폰이 나온 후 경쟁사들은 한결같이 고가의 아이폰을 무시했지만, 대중들의 반응은 폭발적이었다. 결국, 손안의 컴퓨터라는 스마트폰의 등장으로 현대사회가 혁명적인 변화의 물결로 들어서고 있다. 메모를 즐기던 스티브 잡스의 습관이 새로운 기기의 출현과 문화혁명을 이루어낸 것이다.

일기와 메모의 달인,
다산 정약용

유네스코는 2012년에 소설가 헤르만 헤세, 음악가 드뷔시, 자연주의 사상가 루소와 함께 다산茶山 정약용丁若鏞, 1762~1836을 세계 문화인물로 선정했다. 우리나라의 위인이 선정된 것은 정약용이 처음이다.

유네스코는 정약용을 사회문제에 대한 개혁안을 제시한 학자로 인정했다. 또한, 평등사상에 중점을 둔 실학자 정약용의 개혁정신을 높이 평가한 것이다. 다산 정약용은 조선 후기 실학을 집대성한 최고의 실학자이기도 하다.

정조가 그의 아버지사도세자 묘를 수원으로 옮기면서 축조한 수원 화성水原 華城을 설계한 과학자이기도 하다. 수원 화성은 1997

년 유네스코 세계문화유산으로 지정되었다.

그는 1801년 전라도 강진에 유배되어 18여 년 동안 귀양살이를 하면서도 학문을 게을리하지 않았다. 특히 봉건제도의 각종 폐해를 개혁하기 위해 『목민심서牧民心書』『경세유표經世遺表』『흠흠신서欽欽新書』등 500여 권의 방대한 책을 저술했다. 정치, 경제, 사회, 법 집행 등 사회개혁 전반에 걸친 정약용의 사상이 집약된 이 책에서 백성을 위한 구체적이고 체계적인 개혁안이 담겨 있다.

이처럼 정약용이 방대한 저술 활동을 할 수 있었던 배경에는 세계적인 발명왕 에디슨 못지않은 메모광이었다는 사실이다. 다산은 독서를 통하여 다양한 정보를 수집하여 기록했다. 또한, 아이디어가 생길 때마다 메모하고 분류해 두었다. 이렇게 하여 무려 500여 권의 책을 집필한 것이다. 1년에 28권을 쓴 셈이다. 이는 메모의 달인이었기에 가능한 일이었다.

강진에 있는 다산기념관 비석에는 다음과 같이 새겨져 있다.

"동트기 전에 일어나라. 기록하기를 좋아하라. 쉬지 말고 기록해라.

생각이 떠오르면 수시로 기록하라. 기억은 흐려지고 생각은 사라진다.

머리를 믿지 말고 손을 믿어라."

기록하는 인간

다산이 하고자 하는 말은 메모의 기본을 제시해 준다.

"생각났을 때 바로 적어라. 항상 메모할 수 있는 조건을 만들어 놓아라. 적을까 말까 망설이지 마라. 글씨를 못 쓴다고 다른 사람의 눈치를 보지 마라. 나의 기억은 믿지 않는다. 머리는 생각하는 곳이지 저장장치가 아니다."

메모는 단순히 기억을 보존하기 위한 기록물만은 아니다. 100세 시대를 살고 있는 현대인들이 오랫동안 잘 살려면 쇠퇴해 가는 기억을 잘 간직하기 위한 기록은 매우 중요하다.

메모가 단순히 '기억의 보조, 보존을 위한 기록물'이 아니라는 것이다. 일상생활 속에서 문득 떠오른 생각과 아이디어를 메모하고, 이를 정리하면 삶의 의미와 방향이 설정되고 강력한 추진력을 갖게 된다. 그리고 어떻게 인생을 살아야 할지, 성찰과 통찰력 있는 사람으로 만든다. 이것을 몸소 실천으로 보여준 위인이 바로 다산 정약용 선생이다.

『난중일기』를 쓴
이순신 장군

　『난중일기』는 이순신 장군이 기록한 친필 일기이다. 이순신 장군은 한국인들에게 가장 존경받는 영웅 중 한 사람이다.

　그가 쓴 『난중일기』는 임진왜란壬辰倭亂, 1592~1598이 일어난 해부터 시작하여 전쟁이 끝나는 노량해전露梁海戰에서 전사하기 전까지 기록한 진중일기陣中日記이다. 이순신 장군은 임진왜란 7년간의 일을 연도별로 다음 7권으로 기록했다.

> 「임진일기(壬辰日記)」, 「계사일기(癸巳日記)」, 「갑오일기(甲午日記)」, 「병신일기(丙申日記)」, 「정유일기(丁酉日記)」, 「속정유일기(續丁酉日記)」, 「무술일기(戊戌日記)」 등이 있다.

『난중일기』는 일본이 조선을 침략한 임진왜란에 관한 역사적 기록이라고 할 수 있다.

충무공 이순신 장군은 1545년 4월 28일 서울에서 출생했다. 임진왜란 때 일본 해군과 맞서 싸워 23전 23승의 대승리를 거두면서 왜선 수백 척과 왜병 수만 명을 무찔러 나라와 겨레를 구하셨다. 그러나 전쟁이 끝나는 노량해전에서 적군을 추격하던 중 유탄에 맞아 54세를 일기로 1598년 11월 19일 남해 해상 관음포에서 전사하셨다.

『난중일기』는 전장에서 겪은 이야기를 서술한 기록이다. 개인의 일기 형식으로 기록되었지만, 전장 상황이나 이순신 장군의 개인적인 내용뿐만 아니라 서민들의 생활상까지 상세하게 기록되어 있다.

『난중일기』는 한국뿐만 아니라 근대 유럽 나라들이 임진왜란 해전을 연구하는 데 있어 폭넓게 활용되어 왔다. 또한 '세계 최초의 장갑선裝甲船'으로 알려진 '거북선'에 관한 기록과 거북선을 이용하는 전술은 전쟁사 연구자들에게 주목을 받아왔다. 오늘날 임진왜란 해전을 연구하는데 가장 소중한 자료이기 때문이다. 1962년 국보 제76호로 지정되었으며, 2013년에는 유네스코 세계기록유산으로 등재되었다.

이순신 장군의 『난중일기』가 없었다면, 임진왜란에 관한 역사는 과연 어떻게 쓰였을까? 『난중일기』를 빼놓고는 이야기를 할 수 없다. 『난중일기』는 기록이 얼마나 중요한지 알려주는 역사적 기록물이다.

이러한 역사적인 『난중일기』는 후대의 문화적인 콘텐츠의 원천이 되기도 한다. 영화 〈명량〉은 대한민국 영화 중 최대 관람객을 동원했다. 우리나라 국민 5명 중 2명 정도가 이 영화를 관람했을 정도이다. 또한, 소설가 김훈이 쓴 『칼의 노래』에서는 왜 선조가 이순신을 잡아들였는지, 선조의 나약한 면모 등이 드러나는 등 당시 시대적 상황을 세밀하게 묘사하고 있다. 모두 이순신 장군이 쓴 『난중일기』라는 원천 자료가 있었기에 이러한 문화 콘텐츠가 후대 사람들에게 또 다른 감동을 준 것이다.

기록하는 인간

일기를 문학으로
승화시킨 톨스토이

『전쟁과 평화』, 『부활復活』을 쓴 레프 니콜라예비치 톨스토이^{Lev} Nikolayevich Tolstoy, 1828~1910를 모르는 사람이 없을 것이다.

톨스토이가 대문호가 된 것은 매일매일 일상의 기록인 일기 쓰기에서부터 시작되었다고 해도 과언이 아니다. 그는 일기를 열아홉 살부터 쓰기 시작하여 생의 마지막 순간까지 63년 동안 일기를 썼다. 이 자체가 위대한 작품이 아닐 수 없다.

톨스토이는 매일 일기를 쓰면서 자신의 단점이나 결점을 고치려고 노력했다. 그런 자기 성찰을 통해서 그는 대문호의 반열에 오른 계기가 되었다. 또한, 일기를 쓰면서 문장력을 갈고 닦았다. 자기 성찰과 글쓰기 실력 향상은 이처럼 일기 쓰기의 습관이 가져다준 선물이었다.

▲ 니콜라예비치 톨스토이.

　그리고 톨스토이는 연필과 메모장을 항상 가지고 다닌 메모광으로도 잘 알려져 있다. 메모하는 것은 단순히 기록하는 행위가 아니다. 기록하는 과정에서 생각과 아이디어가 나타나고, 자신의 생각을 정리하고 분석 처리도 한다. 이러한 행위들로 인하여 두뇌를 자극하여 창조성의 열쇠를 갖게 된다.

　톨스토이는 두 살 때 어머니를 잃었다. 아홉 살 때는 아버지마저 잃었다. 그리고 늘 자신은 못생겼다고 여겼다. 큼직한 코, 불쑥 튀어나온 입술, 커다란 귀는 커다란 콤플렉스였다. 톨스토이가 제대로 적응하지 못해 괴로워하고 있을 때 혼자의 힘으로 우뚝 설 수 있게 만든 힘의 원천은 바로 일기 쓰기와 메모의 힘이었다.

특히, 톨스토이의 역작 『전쟁과 평화』는 나폴레옹의 러시아 원정을 소재로 한 역사소설이다. 그는 이 소설을 쓰기 위해 일곱 번이나 격전지를 답사하고 생존자들을 직접 찾아 인터뷰하고 다녔다. 그만큼 메모광적인 그의 면모를 보여주는 사례인데, 취재를 통한 작가로서의 문제의식을 깊게 가진 일화라 하겠다.

나 역시 열아홉 살부터 일기 쓰기를 시작했다. 지금까지 36년 동안 일기를 써오고 있다. 일기 쓰기는 앞으로도 계속될 것이다.

그리고 어디를 가든지 나는 항상 주머니에 메모장과 볼펜을 가지고 다닌다.

지금 나는 내 인생의 가장 긴 장편소설을 쓰고 있다. 진정한 나의 모습을 찾고 있는 것이다. 나의 삶이 특별하기 때문에 기록하는 것이 아니다. 누구의 인생이든 매일매일의 일상을 기록으로 남길 충분한 가치가 있다.

261권 저술의 비결은 기록,
베스트셀러 작가 고정욱

▲ 고정욱 작가.

우리나라에서 가장 책을 많이 쓴 작가 중의 한 사람이 있다. 2017년 2월 기준 무려 261권을 펴냈다. 『가방 들어주는 아이』, 『까칠한 재석이』 등 베스트셀러를 많이 내, 누적 판매 부수가 400만 부가 넘는 고정욱 작가가 바로 그 주인공이다. 또한, 그는 전국 방방곡곡을 돌아다니며 각종 학교, 지역단체에서 1년에 300여 회 강연을 하는 스타 강사이기도 하다.

기록하는 인간

글과 말로써 이러한 왕성한 활동을 하는 고정욱 작가에게 한 가지 숨겨진 비결이 있다. 그건 메모하는 습관이다.

고정욱 작가의 집에는 바구니가 하나 있다. 그곳에는 메모 수첩이 빼곡하게 차지하고 있는데, 모두 그가 직접 메모해 놓은 글귀이다. 각종 강연을 하거나, 일상생활에서도 고 작가는 늘 메모를 한다.

이 메모 수첩이 빛을 발하는 순간이 온다. 각종 동화를 쓰거나 칼럼을 쓰거나 하는 글을 집필할 때이다. 재미있는 것은 한 가지 주제가 있을 때 어떤 메모 수첩을 꺼내더라도 해당 주제에 적합한 글과 주제를 끌어간다는 것이다. 고 작가의 집필 활동에 메모가 큰 역할을 하는 것이다.

고 작가는 메모뿐만 아니라 기록이 생활화된 작가이다. 그가 몇십 년째 쓰고 있는 일기장도 기록적인 가치가 크다.

한번은 4년 전부터 본격적인 관계를 유지하는 한 K라는 멘티가 있었다. 평소 K는 고 작가를 멘토로 여기며, 늘 가르침을 받아 작은 성공을 이루어가고 있었다. 그런데 K는 고 작가를 처음 만난 것이 11년 전이라며 서울 여의도의 한 방송국에서의 만남을 기억하고 있었다. 하루는 K가 고 작가의 집을 방문해 11년 전 일기장을 찾아보니, 2006년 5월 15일 일기장 날짜의 메모난에 K와 고 작가의 미팅 약속이 메모되어 있었다. 또한, 오래된 디지털카

메라에서 K와 고정욱 작가가 함께 찍은 사진이 나왔다. K는 고 작가의 기록 습관에 대해서 탄복하며 더욱 그를 존경하게 되었다고 한다.

　작가는 글을 쓰는 직업이다. 고 작가의 261권 집필과 성공적인 베스트셀러 집필 능력은 탄탄한 기록 습관이 배경이 되었다. 늘 기록하는 습관을 들인다면, 당신도 작가에 도전할 수 있다.

NOTE

인생기록연구소를 설립한 이유

"인생기록연구소는 무엇을 하는 곳인가요?"

이런 질문을 자주 받는다.

그럼 나는 이렇게 대답하곤 한다.

"인생기록연구소는 왜 인생을 기록하는지, 어떻게 기록하는지를 연구합니다."

한 사람의 삶이 어떠한 것인지 알게 해주는 것은 바로 '기록'이라고 생각한다. 나는 30년간 조직 생활을 했다. 처음 시작하는 날부터 끝나는 날까지 일관되게 한 사람에 대하여 연구도 하고, 많은 의문도 가졌다.

그 인물은 400여 년 전 임진왜란 때 국난 극복의 주역인 충무공 이순신이다.

파란만장한 삶을 살았던 이순신을 통하여 기록의 중요성을 알게 되었다. 자신의 인생을 기록으로 남기지 않았다면, 임진왜란에 관한 역사적 기록은 과연 어떻게 쓰였을까? 이순신의 자필 기록물인『난중일기』의 중요성을 강조하고 강조해도 지나침이 없다. 그는 자신의 삶을 기록으로 남긴 것이다.

인생기록연구소를 설립한 첫 번째 이유는, '기록의 중요성'을 널리 전파하기 위해서이다. 자신의 삶을 기록으로 남긴 이순신의 매일매일의 기록이 역사가 된 것 같이 소소한 일상의 우리 삶도 역사가 될 수 있다는 것이다. 아주 평범하게 여길 나의 삶을 기록으로 남긴다면 이것이 바로 나의 역사이고, 국가의 기록물이 된다. 즉, "나의 기록이 역사가 된다."는 것이다.

두 번째 이유는, 삶의 과정에서 오는 각종 스트레스와 고통 등을 치유할 수 있는 능력을 향상시켜주는 데 도움을 주기 위해서이다. 우리가 통닭과 피자를 먹을 때 손이 깨끗하지 않은 상태에서 음식을 집어 먹는다고 해서 나의 몸이 더러워지는 것은 아니다. 물론 비위생적일 수는 있다. 이럴 때는 손을 깨끗이 씻고 맛있게 먹으면 된다. 그런데 우리의 마음이 탐욕과 음란, 증오, 무한 경쟁 속에서 오는 스트레스 등을 깨끗하게 하는 방법은 무엇일까? 더러워진 손은 깨끗이 씻으면 되지만, 마음은 그렇게 씻을 수가 없다. 마음을 청결하게 만드는 것 중에 '기록'하는 것만큼

좋은 것이 없다. 비용도 거의 들지 않는다. 게다가 즉각 시행할
수도 있다. 직장 상사의 눈치를 볼 필요도 없다. 메모장, 또는 비
밀번호가 있는 나만의 블로그 일기장, SNS 어느 곳에 기록을 하
든지, 그를 통해 자기 자신을 성찰하게 되고 그 과정에서 치유의
능력을 얻게 된다. 이러한 치유의 능력 향상을 위한 방법을 제시
하고, 연구하기 위해서 인생기록연구소를 설립했다.

　세 번째 이유는, 디지털·네트워크 시대에 세상 사람들과 '소통
능력'을 향상시키는 데 도움이 되고자 함이다. "부주의한 말 한마
디가 싸움의 불씨가 되고, 잔인한 말 한마디가 삶을 파괴한다."
라는 말이 있다. 이처럼 말[言語]은 사람을 죽이기도 하고, 살리
기도 한다. 그런데 문자 기록이 말보다도 더 무서운 세상이 되었
다. SNS상의 악성 댓글과 기록 등이 사람을 죽이는 세상이 된
것이다. 그뿐만 아니라 친구 및 직장동료들과의 의사소통이 말보
다는 문자로 기록된 매체를 이용하는 것이 훨씬 친근하고 익숙
하게 되지 않았는가? 디지털·네트워크 시대를 살고 있는 우리는
말보다도 스마트폰과 개인용 컴퓨터 등을 이용하여 카카오톡, 페
이스북, 블로그 등의 SNS를 이용하는 것이 말하는 것보다도 편
하다. 기록의 힘이 세상을 바꾸고 있다는 것을 알게 해준다.

　인생기록연구소는 디지털·네트워크 시대, 정보통신기술의 급속

한 발전 시대에 그 중요성을 더해 갈 것이다. 개인과 개인, 개인과 기업, 소비자와 생산자 등 세계의 모든 구성원들이 네트워크로 실시간 연결되어 있다. 지금 당장이라도 어느 곳의 누구와도 네트워크와 기록을 통하여 소통할 수가 있다.

이제 우리는 자신의 목소리로 세상과 직접 소통하는 것이 아니라, '자신이 직접 작성한 문자, 사진, 영상 등의 기록'을 통하여 자신의 목소리를 낸다.

디지털 환경과 기록의 힘을 갖추지 못한 사람은 도태될 수 있다. 이러한 디지털 사회에 발맞춰 나가는 경쟁력을 기르는 곳이 바로 인생기록연구소이다. 앞으로 지속적인 기록의 힘으로 개인과 사회, 국가에 도움이 될 수 있는 연구소로 자리매김하고자 한다.

▲ 인생기록연구소 로고. 아날로그와 디지털 기록의 융합을 표현한다.

참고문헌

강규형, 『성공을 바인딩하라』, 지식의 날개, 2012.

강승임, 『나만의 독서록 쓰기』, MBC C&I, 2012.

강승임, 『나만의 일기쓰기』, MBC C&I, 2013.

게리 채프먼, 장동숙 역, 『5가지 사랑의 언어』, 생명의말씀사, 2003.

고정욱, 『꽃보다 아름다운 당신을 봅니다』, 여름숲, 2015.

공병호, 『우문현답』. 해냄, 2010.

김준호, 『1인1책 베스트셀러에 도전하라』. 나눔북스, 2016.

나가오 가즈히로, 김윤수 역, 『경영의 가시화』, 다산북스, 2014.

박경국, 『사과나무 일기』, 행복에너지, 2014.

박종인, 『대한국인, 우리들의 이야기』, 기파랑, 2016.

부산대학교 한국민족문화연구소, 『기록으로 보는 생활사』, 2007.

앤서니 기든스, 한상진 역, 『제3의 길』, 생각의나무, 1998.

오모테 사부로, 이정환 역, 『인생을 바꾸는 자신과의 대화』, 달과소, 2005.

기록하는 인간

오츠 슈이치, 황소연 역, 『죽을 때 후회하는 스물다섯 가지』, 21세기북스, 2009.

오항녕, 『기록한다는 것』, 너머학교, 2010.

이영호, 『메모의 기술』, 모든북, 2015.

임재성, 『미래자서전으로 꿈을 디자인하라』, RHK, 2011.

정민, 『미쳐야 미친다』, 푸른역사, 2004.

조엘 오스틴, 정성목 역, 『긍정의 힘』. 두란노, 2005.

조영경, 『일기벌레 위인 20』, 채운어린이, 2012.

존 고다드, 임경현 역, 『존 아저씨의 꿈의 목록』, 글담어린이, 2008.

카이사르, 박광순 역, 『갈리아전기』, 범우사, 1990.

티나 실리그, 이수경 역, 『스무 살에 알았더라면 좋았을 것들』, 엘도라도, 2010.

한비야, 『그건 사랑이었네』, 푸른숲, 2009.

홍순승, 『이 시대에 충무공을 생각한다』, 오늘의문학사, 1998.